自闭谱系障碍儿童早期干预丛书　　丛书顾问　方俊明

丛书主编　苏雪云

如何在游戏中干预自闭谱系障碍儿童

朱　瑞　周念丽　编著

图书在版编目(CIP)数据

如何在游戏中干预自闭谱系障碍儿童/朱瑞,周念丽编著. —北京:北京大学出版社,2014.1

(自闭谱系障碍儿童早期干预丛书)

ISBN 978-7-301-23665-9

Ⅰ.①如… Ⅱ.①朱…②周… Ⅲ.①游戏—应用—孤独症—儿童教育—特殊教育 Ⅳ.①G760

中国版本图书馆 CIP 数据核字(2014)第 001245 号

书　　名	如何在游戏中干预自闭谱系障碍儿童
著作责任者	朱　瑞　周念丽　编著
责 任 编 辑	唐知涵
标 准 书 号	ISBN 978-7-301-23665-9/G · 3769
出 版 发 行	北京大学出版社
地　　　址	北京市海淀区成府路 205 号　100871
网　　　址	http://www.pup.cn　新浪微博:@北京大学出版社
微信公众号	通识书苑(微信号:sartspku)　科学元典(微信号:kexueyuandian)
电 子 邮 箱	编辑部 jyzx@pup.cn　总编室 zpup@pup.cn
电　　　话	邮购部 62752015　发行部 62750672　编辑部 62753056 出版部 62754962
印 刷 者	北京虎彩文化传播有限公司
经 销 者	新华书店
	720 毫米×1020 毫米　16 开本　12.75 印张　220 千字 2014 年 1 月第 1 版　2023 年 9 月第 3 次印刷
定　　　价	32.00 元

未经许可,不得以任何方式复制或抄袭本书之部分或全部内容。

版权所有,侵权必究

举报电话:010-62752024　电子邮箱:fd@pup.cn

丛 书 总 序

自从1943年,美国精神病医生坎纳(Kenner)首次报道了11例自闭症儿童以来,人们越来越深地认识到自闭症是一种差异性很大的广泛性发展障碍(Pervasive Developmental Disorders,PDD)。当今学术界把自闭症儿童称为自闭谱系障碍(Autism Spectrum Disorders,ASD)儿童。自闭谱系障碍包括卡纳型自闭症、阿斯伯格症这两种主要类型,还包括瑞特综合征(Rett's Disorder)、儿童期分裂障碍(Childhood Disintegrative Disorder)和不确定的广泛性发展障碍(PDD-NOS),被称为"特殊儿童之王"。

为了引起世界各国的广泛关注和高度重视,联合国将每年的4月2日定为世界自闭症日。近年来,许多发达国家的政府、基金会、高等学校和研究机构都增加了研究投入,希望能早日攻克困扰全球的自闭谱系障碍儿童医疗、教育和康复问题。当代自闭谱系障碍的研究已经越出了儿童精神学的范畴,成为儿童精神病学、特殊教育学、语言学、心理学和社会科学等多学科共同关注的研究课题。

从多学科和交叉学科的研究路径来看关于自闭谱系障碍的研究主要有以下几方面：一是从医学、生物学、生理学、神经科学、精神病学的角度，围绕着遗传基因、脑功能、神经传导、精神障碍等问题进行了大量的基础研究，特别关注基因如何影响脑神经的形成和自闭谱系障碍儿童的生物性成因。二是从特殊教育学、儿童心理学、发展心理学的角度，采用实验研究和临床研究相结合的方法来探讨自闭谱系障碍儿童的行为特征、信息加工过程以及评估、干预、训练和教育的原理和方法，并挖掘自闭谱系障碍儿童可能凸显的潜能。三是采用实用语言学和实验语言学的方法来研究自闭谱系障碍儿童的语言发展、语言使用能力、语言活动的神经过程等。四是从社会学、管理学、预防学、人口学、统计学的角度来探讨如何通过社会组织（如人口计生委、妇幼保健机构、残联、社区机构、婴幼儿机构）和社会工作者帮助儿童家长对新生儿童、婴幼儿、高危儿童进行早期筛查、综合评估和鉴定，以便及早地发现和进行早期治疗、康复、干预、训练和教育，同时建立儿童发展的信息库，帮助政府和相关部门制定相应的方针政策。

近年来，这些跨学科与交叉学科的研究形成了一个重要的共识：早期发现、干预和教育是目前唯一有效地降低障碍程度，促进自闭谱系障碍儿童发展的途径。

为了将上述跨学科和交叉学科的研究成果运用于实践，将早期干预的基本理念转化为日常的教育康复活动，北京大学出版社在

2011年推出一套22本的"21世纪特殊教育创新教材"的基础上，又新推出一套"自闭谱系障碍儿童早期干预丛书"。

这套自闭谱系障碍儿童早期干预丛书，由华东师范大学学前教育与特殊教育学院苏雪云博士主编，她曾于2007年到2008年在美国乔治敦大学医学院围绕自闭谱系障碍早期干预进行博士后研究，回国后一直从事自闭谱系障碍和早期干预研究与实践；分册作者均为高校特殊教育学系教师、学前教育学系教师，有丰富的教学与科研实践经验，或者华东师范大学特殊教育学研究生，在研究生导师的指导下，结合自己的教学实践和论文研究参与了分册的共同编写，其比较鲜明的特点如下：

一是读者范围明确，即面对广大自闭谱系障碍儿童的家长和在基层学校、幼儿园从事自闭谱系障碍儿童教育康复工作的一线教师。

二是选题得当，作为一套用来指导自闭谱系障碍儿童家长和教师教育、干预工作的指导手册，各分册选择了自闭谱系障碍儿童发展过程中最突出的社会沟通、人际交往、生活自理、感知运动、认知特点等主要问题进行详细的阐述。

三是内容新颖，丛书各分册都反映了目前国内外有关自闭谱系障碍儿童研究的最新成果，例如，有关社会脑和认知神经科学方面的研究成果、早期干预和社会综合治理的理念、综合评估的方法、行为干预的原理与游戏治疗的方法等。

四是深入浅出，通俗易懂，适合于基础工作者和广大儿童家长的专业阅读水平，避免了经院学究型的旁征博引。

五是突出三"实"，即结合我国当前自闭谱系障碍儿童教育与康复工作的实际，采用大量实证性的案例，充分地显示出作为资源手册，有效地指导广大自闭症儿童家长和一线教师日常活动的实用性。

作为一个特殊教育工作者，我殷切地希望，北京大学出版社两套特殊教育丛书的先后问世，将有力地推动我国特殊教育事业的发展，提高我国自闭谱系障碍儿童的教育和康复水平。

华东师范大学　终身教授
特殊教育研究所　所长
中国高等教育学会特殊教育研究会理事长
方俊明
2013年8月5日

写给家长的话

面对一个新生命的来临，每一个母亲和家庭都满怀期待，充满憧憬，而每一个小宝宝生命里最值得信赖也最依赖的就是爸爸妈妈，家庭里多了一个新成员，会给我们带来很多快乐，也带来很多的挑战。第一次喂奶，第一次换尿布，直到看着他对着我们微笑，学会爬，学会站立和自己行走……

每一个孩子都是独一无二的，但当我们发现自己的孩子真的那么特殊的时候，我们会情愿自己的孩子跟别人家的孩子一样。当我们在甜蜜地假想宝宝"会先叫爸爸还是妈妈"的时候，宝宝已经两岁了还什么话都没有，有时候喊他的名字也不理睬我们，宝宝对其他小朋友也没有特殊的兴趣，然后还有一些很冷门的爱好，和我们无法理解的行为……当医生告诉我们，孩子可能是自闭症，或者有自闭症倾向的那一刻，我们还是无法相信，曾经的憧憬和希望似乎崩塌了。

我自己也是一个妈妈，孩子出生时难产，出院后就开始早期干预……因此每一次面对儿童和家庭，那些担忧和焦虑，感同身受。但同时也有一种迫不及待地想要鼓励每位妈妈和爸爸坚强起来去采取积极行动的热望和冲动。

在我国,随着1982年首次报道自闭症,相关的研究和教育训练都在发展,很多家长在儿童2岁前就已经发现了"哪里不对",但我们的一个调研发现,从家长发现儿童的行为异常,比如"不会主动跟大人有情感的表达""对人没有兴趣""叫他的名字没有反应"等,到家长首次去医院进行检查之间平均有13.7个月的滞后期。而即便在医院得到了诊断,到真正去寻求服务也有6.5个月的滞后期。当然这只是一个平均数字,来咨询的很多家长也有在第一时间就采取行动的。

自闭谱系障碍曾经被视为是很罕见的一种障碍,大约1万例新生儿里有3例,但目前根据美国疾病预防中心的最新数据,自闭谱系障碍的发生率已经为每88人中有1例(CDC,2012),其发生率高于很多常见的障碍,已经从过去很罕见的疾病发展为较为常见的发育障碍性疾病,甚至超过脑瘫及唐氏综合征的患病率,排在儿童精神发育障碍的首位。但我国目前还没有确定的关于这一障碍的统计数据,根据2006年我国第二次全国残疾人抽样调查结果显示,0~6岁精神残疾儿童(含多重)占该年龄段儿童总数的1.01‰,其中自闭症儿童占精神残疾儿童总数的36.9%,约为4.1万人。虽然没有关于流行率的确定结论,但一般认为我国现有400万到1000万的自闭谱系障碍患者,其中包括100万到300万的儿童。

作为自闭谱系障碍中被研究最多的自闭症,也被称为"特殊儿童之王",自闭症的病因还不明确,较为一致的看法是"这由于脑的发展、神经化学和遗传等因素的异常所引起",尚无有效的针对自闭症核心障碍的药物治疗途径,同时这类儿童大多数还伴有智力发育障碍、学习障碍、癫痫等其他障碍或疾病,其干预和教育一直是难点。作为一种起病于婴幼儿期的发展性障碍,通常在3岁前其症状就已显现,包括:沟通和社会交往的质的损伤;狭窄的、重复的、刻板的行为模式、兴趣与活动,且很多患者在成年后依然存在这些领域的缺陷,特别是在社会交往方面有严重障碍,在日常生活和谋生技能方面有严重缺陷,成为伴随终生的一种障碍,对患者及其家庭造成极大压力,同时也给社会带来很大的问题。

目前自闭谱系障碍的干预方法仅在美国就有上百种之多,由于这一障碍的个体内差异和个体间差异都非常巨大,每个儿童可能适用的有效的干预方法也不尽相同。自闭谱系障碍的治疗和干预领域,目前达成的共识有这样几点:第一,自闭谱系障碍早期干预十分关键,越早干预,愈后越好;第二,多学科协作的干预模式,全面地从儿童的各个领域进行综合干预,包括语言和言语治疗、社会交往技能训练、行为干预、感觉统合等;第三,在融合的环境内提供给自闭谱系障碍儿童与典型发展儿童互动的机会,有助于自闭谱系障碍儿童的发展;第四,家庭和家长在早期干预中的参与和为家长提供支持和培训,有助于自闭谱系障碍儿童的发展;等等。

而我国目前的早期干预机构远远不能满足儿童和家庭的需求,特别是0~3岁阶段,家长们在第一时间发现,第一时间进行干预,是极为关键的。诊断并不是最重要的，早期干预的目标并不是确定儿童的障碍是什么，而是当儿童可能存在特殊发展需要的时候，我们第一时间给予儿童相应的支持和调整，为儿童的发展提供机会和经验，然而很多家长，甚至干预老师不知道如何与自闭谱系障碍的儿童进行互动，也不知道如何开展有效的早期干预，即使是有经验的教师也时常会觉得"巧妇难为无米之炊"，因此在很多家长和干预老师的建议下，我们硬着头皮做了这次勇敢的尝试，编写了"自闭谱系障碍儿童早期干预丛书"。

这套丛书的编写得到了很多老师的帮助和支持，非常荣幸地由方俊明教授担任丛书顾问，并由杨广学、王和平、周念丽、杨福义和周波各位教授分别参与分册的编写和指导工作。这套书是在我负责的浦江人才项目"自闭谱系障碍儿童家庭早期干预体系研究"和教育部人文社科青年基金"自闭谱系障碍儿童融合教育支持系统研究（12YJC880090）"和家庭干预的实践成果基础上，由各位作者辛苦完善编写的。在此非常感谢每一位作者的智慧和热情。也非常感谢北京大学出版社的李淑方编辑的支持和督促。丛书的初稿从2009年开始起草，到2011年逐步完善成书，经历了一个艰苦的过程，在写作过程中我们也始终惶恐，自闭谱系障碍的早期干预本身就是一个非常复杂的内容，我们仅仅能在我们的能力范围内与大家分享我们所知道的"皮毛"，期望可以抛砖引玉，各位家长和老师在使用本丛书的过程中，能与我们分享你们的体会和意见，或者你们有更好的游戏创意,一起来完善丛书,欢迎写信到 early4ASD@163.com。

每一个儿童都是独一无二的,自闭谱系障碍的儿童具有更特殊的独一无二的特性,我们也知道每个儿童的发展都是很多因素共同促成的,为了方便使用和写作,这套丛书还是分别从不同的角度和领域进行了分册编写。

《如何理解自闭谱系障碍和早期干预》(苏雪云)从整体上给出理解自闭谱系障碍儿童和开展早期干预的一些指南,特别是整合运用其他分册的一些操作建议,包括最新的关于自闭谱系障碍的新进展、家长心态调整、如何开展早期干预等。

《如何在游戏中干预自闭谱系障碍儿童》(朱瑞、周念丽)关注的是游戏在早期干预中的作用,自闭谱系障碍儿童的游戏能力也存在缺陷,其他各个领域的能力可以在学会游戏、进行游戏的过程中得到发展。

接下来的五本分册都将关注"游戏/活动",为家长选取不同领域的游戏提供一些理论指导、儿童发展的基本知识(发展里程碑)等,主体部分为一个一个游戏或者活动。其中《如何发展自闭谱系障碍儿童的沟通能力》(朱晓晨、苏雪云)和《如何发展自闭谱系障碍儿童的社会交往能力》(吕梦、杨广学)两本针对的是自闭谱系障碍儿童的核心障碍——沟通和社会交往存在质的缺陷;《如何发展自闭谱系障碍儿童的自我照料能力》(倪萍萍、周波)单独成册是考虑到很多与自闭谱系障碍儿童一起成长的家长,在自己的孩子成年后都不约而同地认为"自我照料"和生活独立是非常关键的;《如何发展自闭谱系障碍儿童的感知和运动能力》(韩文娟、徐芳、王和平)则为我们提供了丰富的促进感知运动发展的游戏干预方法和活动参考,这也是因为很多自闭谱系障碍儿童在这个领域也存在很多挑战;《如何发展自闭谱系障碍儿童的认知能力》(潘前前、杨福义)独立成册也是家长和教师们的建议,认知能力是基础和综合的能力,也是很多自闭谱系障碍儿童无法自然发展的能力。

这套丛书没有完全覆盖儿童发展的各个领域,主要是根据我们在与自闭谱系障碍儿童和家庭一起开展早期干预的经验的基础上,选取了我们认为较为核心的和干预资料较为丰富的领域来编写,肯定还有其他的内容也是非常重要的,值得日后在实践和研究中不断完善。

再次感谢您选择了这套丛书,这套丛书编写的过程中我们非常强调"基于实证",各位家长和干预教师可以根据自己孩子的情况进行选择使用,这套书不仅实用于已经被诊断为自闭症或者自闭症倾向的儿童,也适合发展迟缓的儿童和可能存在高危发展的儿童。让我们一起努力,为我们的孩子创设一个有意义的童年世界,和我们的孩子一起成长吧!

苏雪云 博士 副教授
华东师范大学特殊教育学系
华东师范大学自闭症研究中心
2013年8月7日

目 录

第一部分　一起来了解儿童的游戏能力 …………………… 1

一　儿童的游戏有哪些特质？……………………………… 2

二　儿童游戏如何分类？…………………………………… 4

三　自闭谱系障碍儿童的游戏有哪些特点？……………… 8

四　游戏为我们评估和干预自闭谱系障碍
　　儿童带来哪些便利？………………………………… 12

五　我们运用游戏做干预的基本原则是什么？………… 14

六　如何为儿童选择适合的游戏材料？………………… 19

七　如何运用游戏评估儿童的能力？…………………… 22

八　以游戏为基础的干预方法有哪些？………………… 27

九　如何进行亲子游戏干预？…………………………… 33

十　在集体游戏中如何实施干预？……………………… 37

十一　在干预中引导儿童游戏的策略有哪些？………… 41

十二　在游戏中可以为儿童提供哪些支持？…………… 46

十三　运用游戏干预时要注意什么？…………………… 48

第二部分 看看你的孩子的发展水平 ……………………… 53
一 "我准备好了吗?" …………………………………… 55
二 评估指南 ………………………………………………… 57
1. 0~12个月 ……………………………………………… 57
2. 12~24个月 …………………………………………… 65
3. 24~36个月如何评估? ……………………………… 70
4. 36~48个月如何评估? ……………………………… 73
5. 48~60个月如何评估? ……………………………… 77

第三部分 让我们一起在游戏中促进儿童成长 …………… 81
一 0~2岁 …………………………………………………… 85
1. 小车动起来(追视能力) ……………………………… 85
2. 叮叮当(手眼协调能力) ……………………………… 87
3. 滚球球(手眼协调、共同注意能力) ………………… 89
4. "下雪咯"(手指灵活性) ……………………………… 90
5. 追赶小青蛙(抓握能力、手眼协调能力) …………… 92
6. 赶走大灰狼(手臂力量、手眼协调能力) …………… 94
7. 抓泡泡(手眼协调、追视能力) ……………………… 96
8. 我的小手印(手部控制力、感知颜色和形状) ……… 97
9. 推推拉拉(平衡能力、互动能力) …………………… 99
10. 大小配(理解大小概念和事物关系) ……………… 101

11. 倒来倒去(理解事物之间的关系) …………… 103
12. 请你跟我一起做(模仿能力、理解简单指令) …… 105
13. 喝水咯！(模仿能力、象征能力) …………… 106
14. 变变变(共同注意) …………………………… 108
15. 垒高楼(建筑游戏、轮换游戏) ……………… 110

二 2~4岁 …………………………………………… 112
16. 听话的宝宝(理解和执行动作指令) ………… 112
17. 变换的积木(建筑游戏) ……………………… 114
18. 小小纸杯用途多(理解物品功能、事物关系、建筑游戏) ……………………………………… 116
19. 百宝箱(认知能力、功能游戏) ……………… 118
20. 掷骰子(认知能力、语言能力) ……………… 119
21. 帮小动物找食物(事物对应关系) …………… 121
22. 纸牌游戏(分类能力) ………………………… 123
23. 找节奏(节奏感、大肌肉控制力、互动游戏) …… 125
24. 过"小桥"(身体运动协调性、平衡能力) …… 127
25. 穿越障碍(身体协调性、平衡性) …………… 129
26. 串吸管(手眼协调、双手协调能力) ………… 130
27. 画手掌(图形认知、手部肌肉运动力和控制力) …… 132
28. 搜寻图形(图形认知) ………………………… 134

29. 拼图形(形状认知、模仿能力、手眼协调能力) … 136
30. 盛汤圆(手眼协调和手部控制力、自理能力)…… 138
31. 找朋友(配对、自理能力)…………………… 139
32. 打电话(假装游戏、语言模仿、社会互动)……… 141
33. 娃娃家之吃饭饭(假装游戏)………………… 142
34. 娃娃家之睡觉觉(假装游戏)………………… 144
35. 娃娃家之洗澡澡(假装游戏)………………… 146

三 4~6 岁………………………………………… 148
36. 水果还是蔬菜(分辨能力、认知能力)………… 148
37. 纸飞机(认知能力、手臂力量、互动能力)……… 150
38. 炒黄豆(身体灵活性、互动游戏)……………… 152
39. 捉小鱼(互动游戏、身体协调和控制力)………… 153
40. 保龄球(手眼协调和身体协调能力、轮换游戏、
规则游戏)………………………………… 155
41. 两人三足(身体协调性、合作能力)…………… 156
42. 我是小投手(身体协调性、注意力)…………… 158
43. 骰子游戏(数概念、规则游戏)………………… 159
44. 小猫咪在哪里(观察力和记忆力、互动游戏)…… 161
45. 我是小小售货员(角色扮演)………………… 162
46. 我是采购员(角色扮演)……………………… 164
47. 我是小厨师(角色扮演)……………………… 166

48. 我是小医生（角色扮演） ·················· 168

49. 橡皮泥（双手协调能力、认知和象征能力） ········ 170

50. 钓小鱼（手眼协调能力） ·················· 172

51. 剪一剪贴一贴（形状配对、手部控制力） ········ 174

52. 水果拼盘（认知能力、双手协调能力） ·········· 176

第四部分　资源推荐 ·················· 179

一　推荐儿童书 ·················· 180

二　推荐家长书目 ·················· 181

三　推荐 app ·················· 182

四　推荐网站 ·················· 183

参考文献 ·················· 184

第一部分

一起来了解儿童的游戏

一 儿童的游戏有哪些特质？

游戏是每个孩子的天性，也是了解儿童的一个重要"窗口"。20世纪90年代以来，来自哲学、心理和教育的专家皆对游戏做过大量的研究。但是，对于"什么是游戏"这一问题，却没有一致的答案。基于前人研究，从儿童发展本位的角度，游戏的特质包括以下几个方面：

（1）游戏是"令人愉快的"

当儿童游戏时，可以很清楚地知道他们是开心的。从他们的笑容、笑声、喜悦的哼唱等行为表现中，可以很自然地反映出儿童在游戏中的愉悦。不过并非所有的儿童在游戏时都会有喧闹的表现，当儿童沉浸在游戏的快乐当中，他们看起来可能是严肃而又美好的。

（2）游戏是"自发自愿的"

游戏的发生是受内部驱动的，而非外在的要求或奖励。儿童在游戏中自由选择活动，不能强迫儿童游戏。

（3）游戏需要积极参与

在游戏中儿童是主动还是被动，有着很大的差别。当儿童探索、试验、创造并分享游戏中的角色扮演,他们是相当投入的。而在被动状态下,儿童常常会毫无目的地漫步或在其中打混。

(4) 游戏是过程导向的

游戏的焦点是过程而非获得一个特定的目标或结果。儿童自己设定游戏的过程,这个过程是自发自愿、有始有终的,而不是来自他人的外在的强迫或指示。

(5) 游戏是弹性灵活、富于变化的

儿童能够自由地组织出让人意想不到的游戏,他们改变游戏规则,作出各种有创意的尝试。当儿童不断改变现有的游戏主题,并且将其精致化、多样化时,游戏永远都在变换着。因此,游戏的品质与死板、僵硬、反复的刻板行为有着天壤之别。

(6) 游戏聚焦于意义

这个特征可以将游戏行为与非游戏行为区别开来。儿童在装扮游戏中能区别何为真实、何为虚拟。他们在学会装扮游戏之前,已基本学会区分真假,例如,在激烈的打斗游戏中,能够辨别真假攻击。正因为这一游戏特性,即使年幼的孩子也能够解读社会符号和线索,从而协助他们适应团体生活。

二 儿童游戏如何分类？

(1) 认知层面的游戏分类

从认知的角度来看，皮亚杰(J. Piaget)将游戏分为练习游戏、象征性游戏(假装游戏)和规则游戏。

练习游戏在儿童0～2岁时占主导地位，也称之为试探性或感觉运动游戏，最初是一种反射导向的行为，当婴儿用全身运动和运用手、口来回应外在的物理感觉，他们很快就会发现全身运动和身体某些部位的感觉探索所带来的乐趣。

假装游戏关系是2～7岁儿童最典型的游戏形式，包括以物代物(如，将一根香蕉假装成电话)，赋予不存在或相异的物体属性(如，假装干干的桌子是湿的)，想象物体是真实存在的(如，假装空杯子里是有茶水的)三种基本形式。象征性游戏的内容最初是幼儿根据自己的真实生活经验，使用真实的物体演出的。到3～4岁时，幼儿会较少依赖真实复制物品或生活用品，逐渐会用语言计划和叙述完整的游戏剧情。他们会借着玩偶或一些戏剧角色，将自己假想成单一或多个角色演戏。当创造力激发了游戏主题与情节，就会常见到此年龄阶段的儿童发展出社会戏剧性游戏,而想象性的伙伴也经常是幼儿假装游戏经验的一部分。

规则游戏适合于7~11岁儿童,是按照一定的规则进行,常带有竞争性质,例如下棋、体育比赛等①。

(2) 社会层面的游戏分类

① 早期社会游戏

共同注意、模仿和情感回应是早期社会游戏的主要特征。在生命最初的几个月,婴儿的游戏行为就相当明显,如婴儿用模仿发声和面部表情回应照料者的行为。当婴儿发展出使用非口语线索吸引成人的注意时,他会使用物体来开启社会游戏行为。婴儿也会发展出社会性和探索性游戏能力,来回应主要照料者的情感线索。六个月大的婴儿会开始注意其他儿童,他们会主动运用自然的行为,如观看、微笑、发声、做出手势,接近或碰触同伴,并且以独特的方式将这些行为表现给认识的熟悉的同伴。

② 旁观游戏、单独游戏、平行游戏、联合游戏和合作游戏

从社会性发展的角度,美国学者帕顿(M. B. Parten)将游戏分为旁观游戏、单独游戏、平行游戏、联合游戏和合作游戏五类②。

当幼儿最初进入幼儿园时,许多幼儿在真正开始同伴游戏前,会有很长一段时间以一个"旁观者"(onlooker)的身份,在旁观察同

---

① 周念丽.特殊儿童的游戏治疗[M].北京:北京大学出版社,2011:2.
② 同上.

伴游戏。这种游戏行为帮助他们选择活动和玩伴。年龄较大的幼儿也会花时间观看同伴在团体中的游戏情形,以便了解游戏文化的规则、角色和社会模式。

单独游戏是儿童独自一个人游戏。值得我们注意的是,即便儿童身边有玩伴一起,他们也会偶尔单独或独立玩耍,这对儿童来说是非常自然的行为。单独或独立游戏是同伴社会游戏的一种自然的延伸,在这个过程中促进儿童模仿、练习、精熟和使用习得的新技能。

平行游戏或接近同伴的游戏也是儿童典型发展的游戏之一。儿童在其他同伴身边或附近独立进行这类游戏。虽然玩的是同样的玩具或在同一游戏空间玩耍,但儿童彼此不会参与对方的游戏。他们或许偶尔会看一下、模仿或将物品给同伴看或和同伴交换活动,但不会有任何明显的互动。

联合游戏指儿童和同伴一起玩,但没有形成共同目标,相互之间也没有明确的分工与合作,每个儿童都根据自己的愿望来游戏。[1]当儿童沉浸在结构松散但能力成熟的同伴游戏活动中,会开始建立共同关注焦点(common focus)的能力。学龄前阶段,幼儿开始透过分享材料、轮流、给予、接受协助、提问、提示和对话,建立共同关注焦点。

合作游戏是"儿童形成并围绕共同的主题,采取分工合作、有组

---

[1] 周念丽.特殊儿童的游戏治疗[M].北京:北京大学出版社,2011:2.

织的方式进行游戏"①。它包含分享共同目标(common goals)的复杂社会性组织。通过说明计划,以协商和分工等方式,制定游戏的规则或进行角色扮演。当一名儿童帮助另外一名儿童,合作和团体归属感也由此而生。

---

① 周念丽.特殊儿童的游戏治疗[M].北京:北京大学出版社,2011:2.

三 自闭谱系障碍儿童的游戏有哪些特点？

自闭谱系障碍（Autism Spectrum Disorder, ASD）是伴随一生的一种广泛性发展障碍，通常在出生后头三年表现出一定的症状。在婴儿发展的最初阶段，似乎看起来一切正常；18个月左右的时候会出现征兆，学步儿缺乏手指指示、注意力分享、模仿或跟随他人表情等行为；24~30个月时，会表现出明显的发育迟缓或差异，特别在社会互动、沟通和游戏方面。

ASD儿童之间有着明显的个体差异，却在社会性和象征性游戏能力发展方面有着相同的困难——往往无法发展同伴关系，缺乏变化的自发性装扮游戏。与典型发展儿童相比，ASD儿童的游戏分离不连贯、刻板僵硬，缺乏一般儿童游戏所具有的自发性、多样化、灵活性、想象力和互动性。

（1）感知运动游戏的特点

ASD儿童表现出感知运动游戏的频率要比功能性或象征性游戏的次数频繁许多，与普通儿童相比，独自游戏或者无所事事的时间明显较多，常常以单一的方式摆弄某个物体。由于ASD儿童不能像普通儿童一样表现出一系列连贯的游戏行为,因此更热衷于感知运动游戏。他们通常喜爱玩一些与感官经验有关的活动或材料。通过日常观察我们也可以发现,多数 ASD 儿童表现出不间断地重复打击物品、旋转物品的动作,他们在操弄玩具时常常是没有目标、没有方向的,不会因为玩具或者物品的特性而喜欢玩。许多 ASD 幼儿会自发性地寻求身体的粗暴滚跌式的游戏活动形式,如奔跑、跳跃、旋转和弹跳。还有一些 ASD 儿童甚至好几个小时内重复同样的动作,做同样的活动,很难让他们加入其他社会性活动中。有研究者指出,"ASD 儿童喜欢重复一种行为或游戏是因为他们需要时机去了解周围环境,获得控制感,也就是说,ASD 儿童的低水平重复游戏是具有适应性功能的。"[1]研究表明,ASD 儿童在进行感知运动游戏时,有助于其感知觉的发展。[2]

(2) 功能性游戏的特点

ASD 儿童很少自发性地表现出功能性游戏,并且很少出现功能游戏行为。有些 ASD 儿童能够表现出一些物体常见的使用或物体组合使用的能力。

(3) 假装游戏的特点

假装游戏是儿童理解社会性人际关系的重要手段,对儿童的社

---

[1] 毛颖梅.国外自闭症儿童游戏机游戏干预研究进展[J].中国特殊教育,2011,134(8):66-71.

[2] Pullen Lara C. The P. L. A. Y. Project: a revolutionary treatment approach for children with autism[J]. The Exceptional Parent, 2008,(8):42-43.

会性发展有重要作用。研究表明,ASD儿童象征性行为的增加有助于社会交往的发展①。ASD儿童在假装游戏中有明显的障碍,缺乏想象,特别是缺乏自发性的假装游戏。周念丽、方俊明②通过对ASD幼儿与智力障碍和普通儿童的实验比较,得出ASD幼儿的假装游戏水平是最低的。他们分析游戏过程,认为原因可能是ASD幼儿缺乏对游戏本身的兴趣、游戏过程中缺乏与他人经验分享、对玩具功能缺乏正确认知能力。

(4) 社会游戏的特点

前人研究者曾对三种ASD儿童的社会行为特征做出描述。

一种是"孤离型"(aloof),这类儿童中,有的主动避开同伴或与之保持距离,有的会徘徊在同伴当中,但似乎无视或觉察不到同伴的存在。他们一般对同伴的社会性手势或言语没有回应。偶尔接近同伴或成人,只是想满足简单的需求,比如,让同伴打开零食的袋子。第二种是"被动型"(passive),这类儿童对同伴多半很冷漠,但也可能容易被引入社会情境中。当同伴主动与他们游戏,他们一般服从和愿意与同伴相处。他们可能花很长时间观察同伴,或者在同伴身边进行平行游戏,但很少主动与同伴进行社会互动。这类儿童可能拥有很好的口语能力,可以清楚而简单地做出回答。但与孤离

---

① Hobson R P, Lee A, Hobson J A. Qualities of symbolic play among children with autism: a social developmental perspective[J]. Journal of Autism Development Disorder, 2009,39(1):12-22.

② 周念丽,方俊明.探索自闭症幼儿装备游戏特点的实验研究[J].中国特殊教育,2004,49(7):51-55.

型儿童相似之处在于，他们无法透过脸部表情和手势与他人沟通自己的意图，也无法通过解读面部线索来诠释他人意图。第三种是"主动古怪型"（active-odd），这类儿童对参与同伴活动表现出一定的兴趣，但是会以笨拙或怪异的方式与人互动。他们可能没有任何预示地直接找同伴互动，也可能试图单向交谈有关他感兴趣但同伴缺乏兴趣的话题。有些儿童对于如何交谈、如何开启或参与同伴的游戏有些许概念，但是没有时间概念。这类儿童与前两类儿童相似的地方在于，他们同样缺乏社会觉知和使用社交用语的技能，而这些技能对于有效沟通和建立社会关系至关重要。

四 游戏为我们评估和干预自闭谱系障碍儿童带来哪些便利？

游戏是儿童生活的重要方式，在儿童期扮演着重要的角色。我们不得不承认一点，无论是哪种文化、种族和社会经济状态，无论儿童居住在城市或农村，无论儿童是残疾或健康，游戏都是普遍存在的。游戏也是儿童的一种文化，它是儿童创造的一种不同于成人社会和想象的世界，是儿童同侪文化最具价值的社会活动。在游戏中，儿童各方面的能力得到施展和提升。从评估和干预ASD儿童的角度来看，游戏的运用还有其特有的优势。

首先，游戏往往在自然环境中进行，氛围较为轻松，降低了对儿童的要求的同时，增加了儿童的参与和合作[1]。游戏的开展不受年龄的约束，即使是婴幼儿也能够表现出一定的游戏行为。

其次，通过观察游戏，可以提供关于儿童的多方面信息[2]，例如儿童的气质、亲子互动、儿童多个领域的发展情况等。在家中进行

---

[1] Lisa, K. V. Brigette, O. RYALLS K. V. Ryalls. A Systematic, Reliable Approach to Play Assessment in Preschoolers[J]. School Psychology International, 2005, 26(4): 398-412.

[2] Joe, L. F. Sue, C. W. Stuart, R. Play and child development (3rd edition)[M]. Pearson Education, 2001: 285-286.

游戏观察还有助于获得有关儿童的优势、应对策略以及一些影响诊断和干预的风险因素等信息。

再次,游戏方便了专业人员与家长的互动与合作[1]。一方面,临床专家可以通过游戏向父母展现和传授与儿童互动的策略、技巧;另一方面,专业人员可以向家长提供建议,帮助家长改善游戏策略。

最后,在评估 ASD 儿童时,采用游戏使得评估过程更易于控制。[2] 评估者不需要过多的指导,只是呈现玩具并观察,然后根据儿童的表现做出判断。这种评估过程更倾向于一种动态评估的模式,与传统的评估程序有很大区别。

---

[1] Joe, L. F. Sue, C. W. Stuart, R. Play and child development(3rd edition)[M]. Pearson Education, 2001: 285-286.

[2] Rebecca, R. F. Joan, S. R. Play Assessment as a Procedure for Examining Cognitive, Communication, and Social Skills in Multihandicapped Children[J]. Journal of Psychoeducational Assessment, 1987, 5: 107-118.

五、我们运用游戏做干预的基本原则是什么？

在运用游戏对 ASD 儿童实施干预的过程中，我们应秉承以下三条基本原则：

(1) 生态的视角

受人类发展生态理论的启发，自闭谱系障碍儿童的早期干预越来越重视干预的生态化，并逐步成为一种主流取向。

① 为何要将干预生态化？

我们知道，ASD 儿童往往非常刻板，不仅表现在行为和兴趣上，他们对事物的认识、做事情的程序也存在一定的刻板性。当他们适应了成人为其设定的环境或流程，一旦环境有所变化，他们便难以适应。很多教师常常以玩笑的口吻说，"有时我换一件其他颜色的衣服或者新发型，他就不认识我了"。因此，干预生态化的主要目的是让 ASD 儿童更好地适应环境。

② 如何将干预生态化？

一方面，将干预置于自然环境中实施。所谓自然环境，包括儿童所在的家庭、学校、社区等生活环境。通过提供支持和资源来帮助家长利用日常的学习机会促进儿童的学习和发展。另一方面,将家庭日常生活中的活动视为儿童获得学习机会的资源。日常生活为我们提供了一个自然的支持框架,为儿童和成人的全日参与提供了功能性和有意义的环境;同时,洗手洗脸、梳头发、刷牙、穿脱衣服、吃饭和点心时间、睡觉和起床……由于ASD儿童在接受事件交替时存在困难,若这些日常活动的顺序和重复的频率对他们来说是熟悉的、可预测的,能够带给他们安全感,因此,干预也会得到ASD儿童较好的配合。

专栏1-1

人类发展生态理论

布朗芬布伦纳(Bronfenbrenner)1979年出版的《人类发展生态学》一书中,对个体与其所生存环境的关系进行了深入的研究。他认为个体生存在一个层层镶嵌的同心生态环境中,每一层都镶嵌在相邻的层次里面,圆心是发展的个体。包括微观系统(micro-system)、中观系统(meso-system)、外观系统(exo-system)和宏观系统(macro-system)。个体所处的环境中每个系统以各种方式或途径,直接或间接地影响着个体的发展。一方面个体的生理心理特点决定了其所在系统各个层面的内容组成,另一方面各个层面系统的作用直接影响个体的发展。

（2）以儿童为中心

受人本主义思想的影响，以儿童为中心的游戏治疗应运而生。对 ASD 儿童无条件的积极关注、共情理解和真诚沟通，与儿童建立良好的治疗关系，这是干预的前提。ASD 儿童是一类个体差异极大的群体，这就要求我们尊重儿童个体的独特性，这也是以儿童为中心的另一重要体现。对 ASD 儿童的干预非常强调个别化，在个别化教育计划中要充分体现儿童的优势和不足、兴趣偏好和需要等内容。作为干预者，不仅要考虑到 ASD 儿童的特殊能力水平和障碍情况，更要看到儿童背后的家庭：他们是谁？在哪里？怎样生活？他们的价值观和信念是什么？他们对干预者和彼此的期望是什么？也就是说，ASD 儿童及其家庭是一个有机整体，家庭成员的观点、优先考虑和偏好也是体现儿童独特性的一个重要方面。

> **专栏1-2**[①]
>
> **阿克斯莱茵（V. M. AcklesRhein）游戏治疗的八个原则**
>
> 运用以儿童为中心理论进行游戏干预应坚持的八个原则：
> 1. 干预者必须和儿童建立友善的关系；
> 2. 干预者必须接受儿童真实的一面；

[①] 周念丽. 特殊儿童的游戏治疗[M]. 北京：北京大学出版社，2011：31.

3. 干预者在和儿童相处时要具有宽容的态度,让儿童能够自由自在地表达自己的感受;

4. 干预者要能敏锐地辨识出儿童表现出来的感受,并以能够让儿童领悟的方式把这些感受反馈给儿童;

5. 干预者必须尊重儿童,承认儿童拥有能够把握机会解决自身问题的能力;

6. 干预者不要总想用某种方法来指导儿童的行动或谈话,而应该是伴随儿童的行为进行因势利导;

7. 干预者要知道治疗是一个渐进的过程,对治疗进度不能太着急;

8. 干预者应该做出一些必要的限制,这些限制的目的是要让儿童知道他在治疗中应该担负的责任。

(3) 家长的参与

19世纪60年代和70年代初,特殊婴幼儿的早期干预以教师或治疗师为主导,家长只能被动地陪在孩子身边,参与程度非常有限。随着美国94-142公法和99-457公法的颁布和实施,家长参与的权利逐步得到了保障。不论对儿童的评估还是制订干预计划,家庭已成为早期干预过程中不可或缺的小组成员。在美国,家庭赋权模式(family empowerment model)和以家庭为中心的早期干预模式(family-focused intervention model)是家长作为干预委托人的两个最好范例。作为儿童最亲密、对儿童最了解的一个群体,家庭成员对儿童产生的影响无疑是巨大的。家庭的参与能够使治疗更加顺利并达到更好的效果。同时,在干预中,专家对家长的帮助和支持十分重要,特别是在提供信息、培训家长有效地解决问题、减少家长在儿童方面的需要,以及帮助家庭之间建立联系中起到重要作用,这些支持有助于降低家长的压力,改善家长的不良心态和消极情绪,帮助家长建立自信。

如何为儿童选择适合的游戏材料?

不管在游戏中评估还是干预,游戏材料的选择十分关键。总的来说,要注意以下三点:

一是注意儿童的兴趣和偏好。很多ASD儿童常常执著于特定的游戏材料,在干预中,只有呈现他们感兴趣的游戏材料,才能引发儿童的游戏互动。作为家长和教师,应时常关注儿童对游戏材料的优先选择,平时可以从这几个方面去观察:喜欢什么类型的玩具(如布偶、汽车、球类等)?对玩具的颜色和形状有什么偏好?所喜欢的玩具具备什么样的功能?是什么质地的玩具(如软的、硬的、光滑的、粗糙的等)?

二是注意游戏材料的功能与儿童能力水平的关系。在选择游戏材料时,我们应选择ASD儿童"会玩"和"能玩"的玩具,也就是说,我们要先对ASD儿童的游戏能力进行评估,然后选择适应儿童现有能力的玩具。ASD儿童的游戏内容往往较为单一,带有重复性,缺乏变化,这也是他们游戏能力难以提高的一个原因,因此,游戏材料能否促进儿童现有能力的发展、能否激发出儿童新的能力,也是我们为 ASD 儿童选择玩具的重要指标。

三是不同年龄段的儿童,游戏材料的选择应当有一定的针对性。具体如下:

① 在婴儿阶段,儿童通过看、听、摸、闻等多种方式来探究和适应外界环境,儿童的各种感官能力和身体、四肢的活动能力逐渐得以发展,并形成对事物最初的认识,因此,对这一阶段的 ASD 儿童来说,要为他们提供不同感觉运动刺激的游戏材料。

    a. 感官性的玩具或材料:颜色鲜明的,能发声的,提供不同触觉感受的(如泡泡、水、肥皂等光滑的、粗糙的、温的、冷的、粘的、木纹的),提供前庭感觉或运动的。

    b. 因果关系的玩具:需要让儿童动嘴、手指、手或脚部运动。

    c. 早期功能性玩具:如电话、布偶或动物、瓶子、篮子、数字模型等。

    d. 能够用多种方式组合的或大或小的玩具。

    e. 球类玩具:可以扔、踢或交换的。

    f. 问题解决的材料:如带把手、盖子、开关或杠杆的,需要推、拉、扭动、戳、旋转等的。

    g. 带图片的书,关于熟悉的人、动物和事物的图片。

    h. 能够在纸上或物体上做记号的工具:如沙子、橡皮泥、画笔等。

    i. 促进发声的事物:如镜子、音乐、麦克风、电脑游戏。

j. 固体或液体的点心。

② 随着儿童能够由坐到站再到走,他们探索周围环境的范围越来越大,他们能够认识和理解更多的事物,而游戏能力也从简单的敲敲打打发展到对玩具的功能性运用和对事物的象征性理解,而且在游戏中开始有了他人的参与。研究表明,ASD儿童的游戏缺乏想象和社会互动。因此,对于学龄前的ASD儿童来说,所提供的游戏材料应具备一定的功能性、互动性和象征性,促进他们想象力和创造力的发展。

a. 简单熟悉的书和不熟悉但可以预测的故事书。

b. 攀爬类的器械。

c. 建筑或艺术材料。

d. 戏剧表演等用于角色扮演的服装和道具。

e. 微型的模拟场景:如家庭、农场、动物园、飞机场等场景。

f. 不同属性的分类材料:如按颜色、形状、大小等分类的材料。

g. 乐器、录音机、播放机。

h. 简易游戏,如能进行轮换游戏的纸牌游戏。

i. 简单的电脑游戏:如平板电脑上安装的游戏APP。

七 如何运用游戏评估儿童的能力？

前面提到，采用游戏的方式评估特殊儿童，不仅儿童可以更加自然地参与进来，而且评估过程易于掌控。这里，我们介绍一种基于游戏的评估模式——以游戏为基础的跨学科评估法（Transdisciplinary Play-based Assessment，TPBA）。

TPBA是一个复杂的游戏评估程序，是由林德（Linder）设计的，适用于0到6岁的儿童，它是一个发展的、跨学科的、综合的和动态的评估模式。根据每个儿童的情况不同，评估内容、团队成员的组成、游戏活动的编排以及相关问题等也有所不同，因此每个儿童的评估设计都具有独特性。整个模式要由一个多学科小组来实施，评估从独立的自发游戏到辅助游戏再到同伴交往，共进行1.5小时。评估者在正式观察之前，应熟悉每个领域的指导语。观察者依照手册上的指导语，针对儿童的认知、社会情绪、语言沟通及感知觉的发展状况进行详细的记录。

(1) 准备阶段

① 填写前评估问卷

填写发展检核表,与家长进行非正式访谈。家长可以提供一些儿童喜欢的玩具和书,这样可以让儿童得到放松,以观察儿童与熟悉和不熟悉的事物互动时有什么不同;提供点心和儿童平日吃饭喝水用的餐具,用以观察儿童的自理能力;提供舒适的衣服或睡衣,儿童可以自由舒适地活动,以观察儿童的肌肉和骨骼系统的活动情况。

② 制订评估计划

在制订评估计划之前,需要与家长讨论以下几个问题:

a. 家长认为评估获得最有用的信息是什么?

b. 什么类型、水平和数量的玩具能够得到儿童较好的反应?

c. 如何安排玩具和材料来引发儿童进行游戏?

d. 儿童的气质类型和障碍类型需要哪个小组成员来辅助其游戏?

e. 不同类型活动的呈现顺序如何安排?

f. 干预过程中对不同角色人员如何安排?(如游戏辅助者、家长辅助者、录像人员等)

g. 观察领域的责任分配,即哪个小组成员会主要辅助观察哪个领域。

③ 环境设置

游戏评估的环境应当是适宜的,不应当是混乱或刺激过多的。房间要有足够的空间,内有各种各样儿童熟悉的游戏材料或玩具,能够调动儿童的积极性。地点可以选在家中、教室或专门的游戏室。

(2) 正式评估

① 非结构性游戏阶段

这一阶段主要由儿童主导游戏,自主选择活动,时间约为20~25分钟,目的在于了解儿童在自然情况下对陌生环境的适应能力、儿童的兴趣、语言、模仿和社会交往水平。游戏一开始,让儿童自由探索环境、选择玩具,评估者要跟随儿童发起的游戏,进行平行游戏,并逐渐进行交流的、合作的游戏,从而引发儿童自发的、有意义的、交互的游戏,全面体现儿童的能力。评估者要以不同的方式促进和延伸儿童的游戏,获得更多有关儿童的技能、问题解决的方式、感知觉、学习风格等方面的信息。在这一阶段,评估者要与儿童建立良好的关系,这有助于观察到儿童的典型行为。

② 结构化游戏阶段

这一阶段由评估者主导,进行一些事先设计好的问题解决游戏,如拼图、绘画、因果游戏等。一般进行10~15分钟,主要观察评估儿童的图形认知、问题解决等与认知有关的心理发展水平。通过这些活动,评估者可以了解儿童前一阶段没有表现出来的能力。

③ 同伴互动游戏阶段

这一阶段以无结构性的自由开放式游戏形式为主,要有1~2名生理年龄相近或心理发展水平相似且与被评估儿童熟悉的儿童参与,时间为5~10分钟,主要观察评估儿童的社会交往能力。这个阶段由儿童主导整个活动,如果儿童之间没有交流,评估者可以通过介绍玩具或语言上的鼓励等方式适当提供辅助。

④ 亲子互动游戏阶段

这一阶段主要观察儿童与成人和同伴之间的互动有何区别,从互动中反映出家长与儿童互动时存在的问题和困难,从而对家长进一步加以指导。互动过程持续约10分钟。首先请一位家长或主要养育者按照平日的互动方式与儿童一起游戏,注意观察儿童与家长之间互动的模式,记录儿童与评估者和家长互动时不同的地方。约5分钟后,让家长离开,观察儿童对分离的反应。之后让家长带着儿童做半结构化游戏,即游戏活动具有一定的主题,且是儿童不太熟悉且较有挑战的活动,观察和记录儿童的反应以及家长教导和帮助儿童的方式。

⑤ 运动游戏阶段

在这一阶段,评估者与儿童共同游戏,就近观察儿童的粗大动作和精细动作,评估儿童的动作发展技能。共进行10~20分钟左右,游戏活动顺序先非结构化后半结构化游戏。

⑥ 点心时间

前面几个阶段结束后,可以与儿童一起吃点心。这时,可以顺便观察儿童的口腔运动情况、自我照料和社会交往等能力。

在儿童离开之前,最好问家长这样几个问题:

a. 今天观察到的儿童表现是典型的吗?

b. 是否有儿童没有表现出来,但是有必要让评估者了解的行为?

c. 在观察过程中,儿童有没有不同寻常的表现?

d. 家长对评估有什么样的期待?

以游戏为基础的干预方法有哪些?

20世纪90年代开始,围绕ASD儿童的游戏开展了大量的研究,多项研究表明,ASD儿童参与适合自身发展年龄的游戏,有助于他们模仿、观察、示范能力的获得,促进其社会互动能力的发展。在早期干预中,游戏逐渐成为实施干预的主要形式,许多干预方法开始以游戏为基础,将干预技术穿插于游戏活动之中,得到了更好的干预效果。

(1) 地板时光

地板时光(Floor time),也称作"基于发展、个别差异和人际关系的模式"(Developmental, Individual differences, Relationship-based model, DIR),是由美国精神病学家斯坦利·格林斯潘所创立的一套系统的、以发展为取向的干预模式。该方法通过父母和儿童共同参与的活动,以儿童独特的知觉和兴趣为引导,让儿童以一种促进成长的方式学习互动。该方法帮助儿童实现心理发展的六个里程碑,从低到高依次是共同注意和自我调节、亲密关系和参与、双向沟通、问题解决、创造性想象和逻辑思维。

如何在游戏中干预自闭谱系障碍儿童

地板时光跟日常生活的游戏互动一样,充满自发性和乐趣,父母对儿童来说是最好的游戏玩伴,但与平常游戏不同的是,成人要担任一个有建设性的协助者,抓住儿童的每一个关注焦点,跟随儿童的带领和玩法,并鼓励儿童与自己互动。在游戏互动中逐步达成促进注意力发展和亲密感、双向沟通、鼓励表达以及使用感受和概念、逻辑思考四个层层递进的目标,从而帮助儿童建立最基本的功能性的情绪体验、表达和调节能力,为儿童知觉、想象、思维及问题解决能力的发展奠定基础。

专栏1-3

地板时光的相关研究及干预效果

格林斯潘和维德尔(Wieder)[①]对200名22~48个月的自闭谱系障碍儿童进行了两年多的地板时光游戏(floor time play, FTP)干预,结果显示,58%的儿童有显著的进步,儿童表现出自发的言语沟通能力,且能力达到第六个发展里程碑;25%的儿童能力发展达到第四个发展里程碑,但其象征能力仍然存在缺陷;此外,该研究结果表明,接受FTP干预的儿童比接受其他

---

① Greenspan, S. I., Wieder, S. Developmental patterns and outcomes in infants and children with disorders in relating and communicating: A chart review of 200 cases of children with autistic spectrum diagnoses[J]. Journal of Developmental and Learning Disorders, 1997, 1: 87-141.

传统方法干预的儿童进步更为明显,但是缺乏对照组来充分说明家长对于传统干预的不满。马丽斯(Maryse)和罗斯(Rose)[1]运用单一被试的AB设计(A为观察期,B为干预期)对1名3岁6个月的自闭症儿童实施FTP干预,研究表明,相比于观察期,该名儿童在干预期的沟通循环数有显著的增加。

所罗门(Solomon)[2]和他的同事采用地板时光干预模式对68名ASD儿童实施为期8~12个月的干预,运用功能性情绪评估量表(Functional Emotional Assessment Scale,FEAS)进行评估,结果显示,45.5%的儿童在功能性发展方面取得较大的进步;而家庭顾问(home consultant)的评定结果显示,66%的儿童进步非常大。

---

[1] Maryse, D., Rose, M. Floor Time Play with a child with autism: A single-subject study [J]. Canadian Journal of Occupational Therapy, 2011, 78(3): 196-203.

[2] Solomon, R., Necheles, J., Ferch, C., Bruckman, D. Pilot study of a parent training program for young children with autism: The PLAY Project Home Consultation program[J]. 'Autism, 2007, 11(3): 205-224.

金卡维（Kingkaew）和卡维塔（Kaewta）[1]将基于家庭的DIR干预与学前儿童的日常照料相结合，并验证其干预效果。被试为32名ASD儿童，按照年龄和症状严重程度随机分配到干预组和对照组中，干预持续3个月，每周15小时。运用FEAS、儿童自闭症评定量表（Childhood Autism Rating Scale, CARS）和功能性情绪问卷（Functional Emotional Questionnaires, FEQ）进行评估，结果表明，干预组儿童的功能性情绪发展和症状严重程度均比对照组儿童有显著的进步和改善。该结论进一步验证了所罗门的研究。

(2) 整合性游戏团体模式

这一模式反对行为主义高度结构化的游戏干预，只关注儿童的行为反应而忽视了儿童行为的自发性，"主张在同伴群体中、在适合儿童发展水平的环境中激发ASD儿童参与游戏和发起游戏的潜力"[2]。整合性游戏团体一般有3～5人，成员由不同发展水平的同

---

[1] Kingkaew, P., Kaewta, N. A pilot randomized controlled trial of DIR/Floortime™ parent training intervention for pre-school children with autistic spectrum disorders[J]. Autism, 2011, 15(2): 1-15.

[2] 毛颖梅. 国外自闭症儿童游戏及游戏干预研究进展[J]. 中国特殊教育, 2011, 134(8): 66-71.

伴组成。在游戏环境中为 ASD 儿童提供丰富的游戏机会，通过提示和模仿等方法，在同伴游戏行为的示范和引导下，最大限度地激发 ASD 儿童的主动性和自发性。

（3）应用行为分析

应用行为分析（Applied Behavior Analysis，ABA）是由美国加州大学洛杉矶分校的心理学教授洛瓦斯（Lovaas）针对 ASD 的行为障碍问题，基于行为主义学习理论和操作条件作用发展出的一套行为训练技术和操作系统。ABA 的基本训练原则是分解目标、强化和辅助，即将复杂的任务分解成许多小步子，每一步都建立在前一步的基础上，对正确的回答或反应基于鼓励，即强化，而错误的反应则被纠正、忽略或重做。有研究者运用这一方法提高 ASD 儿童的认知和语言水平以缓解他们的社会交往障碍，在训练中，干预者会把玩具当做道具来呈现某个词语或句子，让 ASD 儿童模仿，而游戏会作为奖赏。

（4）分解式操作教学法

分解式操作教学法（Discrete Trial Teaching，DTT）是 ABA 的具体训练方法之一，包括指令、个体反应、结果（强化或辅助）、停顿四个基本元素。该方法直接将提高 ASD 儿童使用物体做游戏所需的一系列技能作为干预目标，最初只需对玩具做出一种反应，例如按下玩具开关，当他能做出多个反应时，将这些反应串联起来就形成游戏行为。该方法可以使干预者和儿童即刻知道反应是否正确,帮助干预者以一致的方式要求儿童,避免引起儿童理解上的混乱,同时有利于干预者较快而容易地辅助儿童取得进步。适合于ASD儿童学习简单的物品操作性游戏,也适用于复杂的主题游戏。[1]

(5) 关键反应训练

关键反应训练(Pivotal Response Treatment,PRT)是一种"以DTT为基础发展起来的情境化教育系统"[2],是介于高度结构化干预和生态化干预之间的干预方法。其主要的训练目的在于改善儿童的关键行为,提高儿童在沟通、游戏、社交和监控自身行为方面的能力。它将游戏行为结构化,从简单的游戏开始逐步提高游戏的复杂程度。但是结构化又不失灵活性,强调ASD儿童的内在动机,在游戏中让儿童有一定程度的选择自由。

---

[1] Suzannah F, Hughes C, Smith T. A model for problem solving in discrete trial training for children with Autism[J]. Journal of Early and Intensive Behavior Internvion, 2005, 4(2): 224-246.

[2] 黄伟合,陈夏尧,李丹. 关键性技能训练法:ABA应用于自闭症儿童教育干预的新方向[J]. 中国特殊教育, 2010, 124(10): 63-68.

九 如何进行亲子游戏干预？

亲子游戏，顾名思义，是指父母与孩子之间的游戏。在游戏治疗中，亲子游戏疗法单独成为一种疗法，最早在1964年由古尔尼夫妇创立。

在与家长的游戏互动中，ASD儿童常常无法作出适当的回应，不能主动模仿语言或者动作，难以和家长形成较好的共同注意，这些游戏表现除了让家长感到很挫败，更多的是感到手足无措。在有家长陪同的康复训练机构中，我们常常可以看到，很多家长只是带着孩子被动地模仿老师，对ASD儿童来说，起不到任何辅助和支持的作用。亲子之间缺乏有效沟通，以及家长缺乏专业的游戏干预策略和辅助技术，使家长对儿童产生消极情绪，容易导致不良的亲子关系。因此，在亲子游戏疗法中，治疗师不仅要以儿童为治疗对象，对家长的训练和督导也是治疗过程的重要组成部分。

以儿童为中心，通过亲子游戏的方式展开治疗，将有助于改善亲子之间的关系，增进家庭成员之间良好的互动，鼓励家长多了解自己和子女，为接受治疗的儿童营造良好的家庭氛围。而在以游戏为基础的家庭早期干预中,亲子游戏是干预实施的主要形式。

具体来看,我们该如何做呢?

首先,作为干预者,要做到以下几点:① 真诚接纳儿童,耐心、包容,让儿童在接受干预的过程中有自主之感,能表达内心的真情实感。② 与儿童及其家长在干预初期建立良好的关系。③ 在整个干预过程中与家长多沟通,让家长知晓干预的计划,包括目标、内容、方法等,并了解家长的困难和问题。④ 要给予儿童和家长充分的指导和及时的反馈。

其次,作为家长,在整个干预的过程中,一是要自始至终坚持参与,不能半途而废;二是要积极配合,这不仅要配合儿童,配合干预者,更需要家庭成员之间的分工配合。研究表明,家庭成员之间合理的分工配合有助于干预的实施,取得良好的干预效果。[①]

实施亲子游戏干预包括以下几个环节:

(1) 评估

对接受干预的 ASD 儿童及其家庭进行一系列的评估,与家庭建立合作关系。通过观察、测试和与家长的沟通,了解儿童的能力发展水平和兴趣,并向家长了解家庭担忧的问题、优先考虑的问题,家庭的日常生活环节、活动和环境,以及家庭本身具备的资源。

---

① 朱瑞.自闭谱系障碍儿童家庭早期干预的个案研究[D].华东师范大学,2012,57.

(2) 制订计划

根据搜集到的有关儿童及其家庭的信息，与家长协商为儿童及其家庭制订干预计划，包括干预的长短期目标、干预措施、干预实施的场所和涉及的生活环节、评估方式、持续时间、干预的频率等。

(3) 干预

干预的实施一般包括两部分。一是由干预人员实施的干预，要求家长的参与，目的在于为家长示范如何与儿童互动以及如何在干预中运用策略和技巧。许多干预项目会为家长提供讲义、家长指导手册和录像等材料供家长学习，这些材料有助于家长了解相关的专业知识，也为家长提供有关所学策略和方法的范例和指导信息。二是以家长实施为主的干预，家长根据干预计划和专业人员的指导，结合选定的日常生活环节，运用习得的干预策略和方法对儿童进行干预。

(4) 家长指导

在家长实施干预时，干预人员要定期为家长提供干预指导。与家长就近期的干预情况进行交流，家长反馈干预时遇到的问题、困难和收获，然后干预人员给予家长一定的建议和指导，并与家长讨论接下来的干预内容、策略的运用及可能出现的阻碍，帮助家长找出其他策略以辅助干预的进行。

这种干预指导可以是现场的指导，也可以采用家庭访问的方式。通常,一次家庭访问包括:① 了解在家访间隔期间儿童的表现和家长的干预情况;② 干预人员对家长实施的干预进行观察;③ 与家长讨论存在的问题,为家长提供解决问题的建议和方法;④ 与家长探讨下一阶段干预的相关内容,如使用的干预策略、方法、活动和频率等;⑤ 为下一次家访拟订计划。

十 在集体游戏中如何实施干预?

集体游戏是儿童游戏活动的一种重要形式。在参与集体游戏的过程中,儿童接触到更多的同伴,对社会规则开始有了初步的概念。对于 ASD 儿童,他们并非不会游戏,只是偏爱单独的游戏、平行的游戏,而这并不利于其社会性的发展。在集体游戏中实施干预的最大特点是,通过同伴互动来促进干预的深入进行。班杜拉提出的社会学习理论认为,儿童社会行为的习得主要通过观察、模仿现实生活中重要人物的行为来完成的。因此,集体游戏有助于 ASD 儿童替代性学习的产生,即儿童在观察其他同伴的行为时所得到的结果用来指导自己的行为。在集体游戏中干预大致分为四个阶段:

(1) 准备阶段

① 成员的选择

并不是每一个 ASD 儿童都适合参加集体游戏治疗。安娜·弗洛伊德认为,当儿童的问题源自最原始的不稳定的人际关系,那么他不适合参加集体游戏治疗,因为他会一直黏在干预者的旁边。也有研究者认为,没有社会饥渴的儿童不适合参加集体游戏治疗,他们不在乎别人的看法,因此无法利用同伴压力让他们改变。在选择ASD儿童参加集体游戏干预时,应选择有一定的社会饥渴,一般是有同伴人际关系问题的儿童。

② 集体游戏干预的人数、性别和年龄

一般来所,ASD儿童集体游戏干预的人数一般限制在4~6个,因为干预者在同一时间内要关注儿童的一切活动,成员太多会无暇顾及。由于性别差异导致的游戏偏好的不同,女生容易聚在一起过家家,而男生多喜爱踢球等活动量较大的活动,因此尽量选择不同性别的被试。另外,不同年龄段儿童喜欢的游戏也不同,年龄差距越大,成员间的差异越大,因此成员的年龄差距不宜过大,基本保持一致最佳。

③ 制订计划

在制订干预计划时,要考虑这样几点:一是制订计划的人员,除了教师和专业人员外,还应包括家长。家长可以提供更多关于儿童的信息,并且有助于对儿童是否进步做出判断。二是评估儿童的能力和需要,通过量表、直接观察和家长访谈等方式,全面了解儿童特殊需要的重要线索。三是拟定集体游戏的结构,一般分为结构式和非结构式游戏,结构式集体游戏是指根据目标,事先安排好每次集体游戏进行的活动内容,而非结构式指的是根据团体自然发展出来的流程,灵活提出干预者认为的最合理的方案,以达到干预的目的。

④ 集体游戏的时间

一般情况下,集体游戏干预的时间长短依据儿童的年龄特点,随着接受干预儿童的进步,注意力维持时间逐渐延长,集体游戏干预的时间也可以相对延长,但一般不超过 1 小时。频率最好 1 周/次,既不会太频繁致使儿童厌倦,也不会间隔时间太长,难以达到干预效果。

(2) 探索阶段

儿童刚刚进入一个新的团体,往往会专注于了解新情境中的各种信息,而干预者要创造一种自由开放的和谐氛围,鼓励他们真实自在地表达自我;儿童会逐渐参与到干预活动中,但也会以巧妙的方式表现他们的不顺从,当他们的要求不能满足时,他们就会表现得相当抗拒。在这一阶段,干预者要注意发现和分析接受干预儿童的问题所在,一是接受干预的儿童在适应集体和与同伴交往过程中存在的问题;二是儿童思维、情绪以及内心冲突等方面的问题。

(3) 成长、信任阶段

接受干预儿童暴露出的问题可能会导致其他儿童的不接纳。为了使儿童更好地参与到集体游戏中,干预者要帮助增进对彼此的理解和接纳,加强集体信任感和凝聚力。通过集体游戏,儿童一方面可以得到自我探索,让他们更加了解自己,例如自己最喜欢的动物、最喜欢做的事情、自己的问题所在等。另一方面,在游戏活动中,儿童逐步学会互相接纳和倾听,共同达成游戏中的目标,这增强了他们对集体的安全感、归属感和信任感。

(4) 结束阶段

当接受干预的儿童能将游戏中学到的交往、生活技能运用到日常生活中,集体游戏干预即将进入尾声。在这一阶段,参与干预的儿童要学会与其他成员相互道别和祝福。干预者要对成员的表现做出及时反馈,总结游戏干预过程中的收获和不足。此外,鼓励成员之间保持同伴关系、家长之间保持一定的联系。集体游戏干预虽然结束,但每个儿童将带着新的自己开始新的生活。

在干预中引导儿童游戏的策略有哪些?

(1) 顺应当下

在干预 ASD 儿童时,成人有时会有些急于求成,想尽办法让儿童学会一些技能,这不仅干扰了儿童的自发性和自然探索过程,也无法让儿童享受愉快的社会互动。干预中一个重要策略是结合儿童当下的兴趣,顺应儿童当下的活动。"遵循孩子的带领及互动"是地板时光疗法中的一条基本原则。

在游戏活动中,成人并不是简单扮演玩伴的角色,而是一个非常主动的、促进其发展的游戏伙伴。成人的任务在于抓住儿童每一个关注焦点,跟随着儿童的带领和玩法。但是,这并不等于一定要完全配合儿童想做的每一件事。如果只是被动跟随孩子的带领,没有创造出更多新的游戏环节,跟随就失去了意义。成人要以儿童本身的喜好和兴趣为基础,逐步驱使儿童愿意做更多的尝试。有时儿童已经准备好,愿意接受新的尝试,但可能更多时候需要成人积极的想办法让儿童愿意这样做。特别是刚开始介入干预时,这并不是一件容易的事。ASD 儿童可能会使出吃奶的力气想要挣脱,这时,成人必须以游戏的方式加以阻挠，逐步介入，引发互动。比如儿童全神关注在玩马上，完全不理会成人的提议，然后一个人往门口走去，这时候成人就可以带着你手上的玩具马挡在门口，让孩子不得不做出一些举动或言词上的回应。这便是一种积极且具有挑战性的方式跟随儿童的带领，因为成人关注到他对马的兴趣以及想要走出房间的欲望。

在运用这一策略时，要注意几个要点：① 让自己置于儿童的视线之内，让他能轻易地与你有目光接触，当儿童能轻易看到你时，就有机会注意到你正在做什么；② 可以对儿童或自己当下做的事情进行评论，但尽量不要向儿童提问或发指令；③ 顺应当下并不代表对儿童无条件地一味顺从。当发现儿童总是回避对他发展有意义的游戏活动，或者他沉迷于特定的一类游戏时，就有必要对游戏环境进行调整（如白天将他常玩的玩具收起来一段时间），或者干预者要更直接介入（如今天先画画，然后可以玩儿童喜欢的玩具）。

（2）模仿儿童

当你不知如何对ASD儿童的行为作出更加有意义的回应，模仿儿童的行为或许是一种好的选择。你可以想象这样一个场景，小A在原地不停地跳跃，这可能是因为他通过跳跃来释放体内过剩的能量，或者是因为他在寻求跳跃所带来的感官上的刺激输入，你可能无法弄清楚确切的原因，但是，这个时候我们也模仿他跳跃的节奏，跟他一起跳，这就完成了第一步。接下来，你可以顺承着拉起他的双手,围成一个小圈,边转圈边跳,你可以顺时针转,也可以逆时针转;你可以边随着他一起跳,边说着"1234,2234,3234……"我们还可以边模仿孩子跳跃,边哼唱符合跳跃节奏的简单的歌曲;等到他对节奏和律动更加熟悉和认可,这时就可以选择不同节奏的歌曲蹦蹦跳跳,而在蹦跳中我们又可以加入新的元素,例如用手当做兔子耳朵等。通过模仿,逐渐丰富游戏活动,不仅是对他行为的一种尊重与接纳,也是拓展干预的一个过程。

值得注意的是,在模仿儿童的过程中,我们可以模仿儿童的手势和身体动作,也可以模仿儿童的发声和词语,但是,不要模仿儿童不适当的行为,如攻击行为或破坏行为。

(3)平行游戏

不论在一对一的游戏干预中,还是在集体游戏干预中,平行游戏是个不错的游戏引导策略。在一对一的干预中,如果儿童对你还比较陌生,或者他还无法接受与其他人一起游戏,那么平行游戏是一种很好的介入方式。如果他在搭积木,你也在一旁搭积木,并且比他搭得更好,边搭积木边用语言描述自己在完成哪一部分,甚至可以用一些夸张的语气和语调来吸引儿童的注意。可能一开始,你距离儿童的位置比较远,因为他不喜欢在游戏的时候有别人在旁边,渐渐地,你可以试探性地靠近。关键在于,在游戏中,你要充分发挥你的想象力和创造力。而在某种程度上,你的表现是儿童模仿的素材。

如果是在集体游戏中，环境的布置非常关键。为促进孩子们的社会觉知及兴趣，最好的方式是布置相似的、可辨识的或者相关的玩具与道具套组，放在相同的区域内。多样化的游戏道具可自然地带领他们进行平行游戏。游戏活动可包含感觉探索（例如：水和沙盘游戏），建构式（积木）和艺术（泥土及绘画彩绘）都是很好的例子。有时，借助大型道具（例如：滑梯、攀爬等运动设施），可以产生刺激身体活动的平行游戏。

（4）适度支持

苏联心理学家维果斯基提出了"最近发展区"理论，认为人的发展有两种水平：一种是现有水平，即独立活动时所能达到的水平；另一种是可能的发展水平，也就是在他人帮助、指导下的表现。两种水平之间的差异就是最近发展区。最近发展区内的潜在发展是一种过渡状态，在这种状态下儿童需要特殊帮助或支架来把握所能触及的范围内的东西。在游戏中，父母、干预者、兄弟姐妹、同伴的支持都可视为帮助儿童良好过渡的"支架"。

依照 ASD 儿童的兴趣、能力及需要，游戏引导者要调整支持协助孩子的方式和种类。在干预初期，ASD 儿童不熟悉游戏方式或之前没有什么经验，成人可以提供较高程度的支持。这种较高程度的支持包括引导和示范。引导可以是言语的、非言语的和身体的辅助。这里的引导主要指从身体上辅助儿童的身体动作，帮助他们作出回应，例如，当成人要求他收拾玩具时，抓着他的手拾起玩具，跟他一起把玩具放好。当儿童的游戏能力有所提升之后，成人即可逐渐退出给予游戏的支持。成人不再需要一遍一遍的示范，仅仅需要口头上的指导和肢体语言等非言语的暗示，儿童就可以顺利进行游戏。相对地，有较好游戏能力或游戏经验的孩子们，则一开始就只需少许的游戏支持。也有的孩子只需要给予最少的支持即可。但仍有一些孩子有不同的需求，随时需要游戏引导者能在不同状况下保持弹性的介入或退出。

十二 在游戏中可以为儿童提供哪些支持?

(1) 情感支持

在游戏过程中,要自始至终对 ASD 儿童提供情感上的支持,目的是让 ASD 儿童体验成功,保持积极情绪。干预中,很多时候 ASD 儿童的表现不能达到预期要求,但是,只要他们对你的要求有反应,干预者或者家长都要报以微笑,竖起大拇指鼓励表扬;当儿童表现积极或有所进步,在儿童不排斥身体接触的情况下,可以拥抱亲吻鼓励儿童;如果 ASD 儿童不配合游戏,或者表现出消极情绪,干预者或者家长要适当地降低要求,让他们获得成功,体验成功带来的快乐。

(2) 认知支持

认知支持旨在采用视觉方式帮助 ASD 儿童更好地理解他人的表达和要求。由于多数 ASD 儿童在接收信息时以视觉为主,而做游戏需要接收多种感官刺激信号,这时他们可能常会出现"听而不闻"的现象。因此,在干预过程中,要善于借助他们的视觉优势,充分运用肢体语言,借助图片或实物照片配合口头指令,让他们对抽象的概念有更为直观的了解,帮助他们更好地理解和表达。

(3) 同伴支持

在游戏干预中,同伴的参与不可或缺。为 ASD 儿童选择一名生理年龄和发展年龄相当的儿童参与到干预中,将增加 ASD 儿童与同伴之间的互动和交往;有时,同伴比成人更容易、更自然地引导 ASD 儿童游戏和互动,这似乎是一种同龄人之间的天性和心有灵犀;来自同伴的鼓励,能够激发 ASD 儿童的成就感,使其拥有更多的积极情绪。

(4) 家长支持

父母是孩子的第一任老师,同时也是最了解他们的人。但是调查发现,由于父母工作繁忙,不少 ASD 儿童由爷爷、奶奶日常照料,因此疏于与孩子之间的情感交流。日常的亲子互动、亲子游戏以及家长参与到干预中,能够增加儿童面对挑战时的安全感,提高干预效果,同时也能够降低家长压力,减少焦虑等不良情绪。

十三 运用游戏干预时要注意什么？

(1)"投其所好"

许多 ASD 儿童有特定的兴趣偏好，比如执著于一根橡皮筋，或者反复玩饮水机的开关。在与 ASD 儿童游戏时，我们应当留心他们的每一个举动。在逐渐熟识的过程中，我们会了解到，他或许偏爱蓝色或者绿色的方形积木，或者尤为喜爱某一动画片中的人物，这些便是我们与他们互动的最基础的素材。当我们不知如何开始的时候，与他抢夺喜欢的积木，或者让他与动漫人物玩偶的互动，会是吸引他们"目光"的好主意。

(2) 丰富游戏

游戏具有很大的灵活性，可以随着时间、地点、人物及游戏材料的变化而改变。丰富的游戏能够帮助 ASD 儿童扩展自己的游戏技能，进而促进他们语言、沟通和社会交往能力的发展。如何丰富 ASD 儿童的游戏世界？我们可以从以下几个方面着手：一是增加游戏的多样性。方法之一是借助 ASD 儿童喜爱的玩具，增加它的玩法,也就是说,将同一种游戏材料变换不同的角度和方式去玩。同样是玩积木,我们可以排列积木、搭积木(积木的不同组合造型)、把积木放进容器。方法之二是把新的东西融入儿童喜欢的活动中。如果他喜欢玩小汽车,那么尝试让小动物坐车去观光。方法之三是在不同情境下尝试赋予其不同的意义,灵活使用各种游戏材料。就好像一把伞,晴天的时候遮阳,雨天的时候避雨,在屋子里,就是宝宝的"家";一块手帕,哭泣的时候可以擦眼泪,洗手以后可以擦干手,还可以搭在伞上做家的"窗帘"和"门"。

二是扩展游戏的复杂性。方法之一是提高儿童游戏的发展水平。如果儿童喜欢敲击、轻拍或扔玩具(练习游戏)的话,可以教他把喜欢的物品放到盒子里再取出来(关系游戏);如果儿童喜欢开汽车(功能游戏),可以教他推车之前先修车(象征游戏);如果儿童在假装吃饭(自我导向的假装游戏),可以教他喂娃娃吃饭(他人导向的假装游戏),也可以把积木当做食物吃下去(象征游戏)。方法之二是增加游戏的程序,使游戏变复杂。例如,儿童喜欢烹饪食物的话,可以先让他去"买菜",然后"洗菜",最后"做菜",还可以鼓励儿童把做好的食物分给大家吃。

(3) 重复游戏

回想一下,从小到大,我们是如何学会各种本领的?走路、吃饭、穿衣、说话……除了我们自身能力的不断发展和环境提供给我们的学习机会外,一个很重要的因素是练习,反复不断的练习。其实游戏也一样,在干预 ASD 儿童的过程中,我们可能发现,当我们第一次跟他玩拼图的时候,他跑开了;当第二次玩的时候,他坐在一边,似乎置身事外;当第三次玩,他在看你的手如何操作那些小卡片;当第四次时,看到你拼出的图案,他笑了;渐渐的,当你再拿出来的时候,他会主动拿起你的手去拼图案;再后来,他能完成一块、两块、四块……直到独立完成整个拼图。在这个过程中,重复不再仅仅是练习,更重要的是给他们一次又一次学习的机会。

(4) 学会等待

在如今的社会,谋生的压力、生活节奏的加快,导致我们每个人或多或少有一些浮躁的情绪。或许你说,不,对待 ASD 的孩子,我很有耐心。那么,当你发出指令,孩子没有立即做出反应的时候,你是如何做的呢?很多家长,包括一些从事干预的人员,在这种情况下,常常是将口令连续地、大声地重复。但孩子依然没有什么反应,这时的你,可能就不那么淡定了。其实,多数 ASD 儿童的感觉输入与常人有别,从认知加工的角度来说,他们对输入信息的加工是继时性加工而非同时性加工。当他还未对第一个口令信号做出反应,就要接收第二三四五个信号,往往存在信息加工困难而难以做出反应。在与儿童游戏的过程中,我们要特别注意,应当给予儿童清晰的提示,放缓语速,发出指令之后,等待 5 秒钟,给儿童足够的时间做出回应。如果儿童没有回应,再给出相同的指令。当儿童能够更快地做出回应时,可以逐渐减少等待时间。

许多 ASD 儿童有延迟模仿的特点，这是"等待"的另外一层意思。在干预过程中可能会遇到这样的情形。我们试图让他接触新的游戏，但他看上去并不感兴趣，或者根本不懂我们在干什么，他的毫无反应让我们感到挫败。但是之后，可能是一小会儿也可能是一段时日，他却突然对这个游戏感兴趣，并且玩得不错。儿童的延迟模仿现象可能是由于信息加工缓慢造成的，也可能因为儿童当时的能力水平还无法立即模仿出来，需要经过一段时间的学习。因此，在干预过程中，我们努力的同时，还需耐心等待。

（5）建立规则

无规矩不成方圆，在与 ASD 儿童的游戏中，规则是非常必要的。那么，要建立什么规则？有几点是必要的。一是，如果是一对一的游戏干预，干预的实施要有较为固定的位置，例如一张小桌子，干预者与儿童相视而坐。二是，桌子上不能有过多的玩具，因为过多的玩具会分散儿童的注意力，使得干预难以达到预期的目标。三是，游戏过程中要有一定的奖惩制度，表现得好要给予鼓励或奖励，表现不好（如打人、乱扔东西）要给予一定的惩罚（如到无人的角落独自静坐 5 分钟）。四是，游戏结束要归还或整理玩具，这不仅是一个好习惯，也有着提示作用，许多 ASD 儿童无法接受突然事件（如游戏结束），整理玩具预示着游戏的结束，可以给儿童一个心理暗示，做好心理准备。这一点非常重要，也是许多家长容易忽视的一点。

（6）鼓励互动

在与儿童游戏的过程中,要以一种鼓励孩子与自己互动的方式来进行。也就是说,如果孩子想要玩滚车子,你就跟他一起玩滚车子游戏,给他一部速度较快的车子或跟他玩一场赛车,如果有必要,用你的车去撞他的车——尝试任何可以引发互动的事。如果他想堆积木,就跟他一起堆积木,在他盖好的积木塔上再加一块积木,甚至也可以拿块积木敲敲他盖好的积木塔,并且赞赏他的"杰作。"

有时,还要抓住时机,想办法引导儿童采取轮换的玩法,从而进行两个人的互动。轮换是一种成长性的技巧,会随着儿童的发展而越来越复杂,起初,儿童会通过来回滚球、扔球和踢球等活动来学习轮换,然后,他们开始学着分享玩具,轮流玩同一样东西,或者交换玩具玩。很多ASD的儿童在失去一件玩具时会变得情绪焦虑,对他们来说,这意味着永远失去了这个玩具,因此,要帮他们理解轮换是一种来回的互动,他可以再次得到这个玩具。此外,交换玩具可以作为轮换玩玩具的一种替代,特别是交换相同的玩具时,这种方式可能更为ASD儿童所接受。

第二部分

看看你的孩子的发展水平

如何 在游戏中干预自闭谱系障碍儿童

游戏既是干预 ASD 儿童的一种手段,也是儿童发展过程中的重要领域。从感觉运动游戏到功能游戏再到象征游戏,每一种游戏的出现都是儿童发展的重要里程碑。本章分为两个部分,前面我们向您呈现了在 0~5 岁之间的儿童对物品的功能性使用和象征游戏的发展序列。参照这一序列,可以看看您的宝宝在游戏方面的发展水平。后面,根据各评估项目,我们给出了详细的评估指南。

需要关注的是,对于很多 ASD 儿童来说,6~9 个月和 12~18 个月的评估项目以及 21 个月以后的大多数评估项目中,很多都难以完成,这些项目所涉及的游戏类型(包括功能游戏、假装游戏和社交游戏)正是 ASD 儿童游戏发展的障碍所在,在干预中需要花更多的心思去设计活动、辅助和引导他们。根据各年龄段的游戏能力,表格的最后一栏列出了推荐的活动或游戏供参考。

第二部分 | 看看你的孩子的发展水平

 "我准备好了吗?"

年龄 （月份）	一般孩子会……	推荐活动/游戏
0~3个月	● 把手放到嘴上 ● 用嘴巴探究事物	● 2. 叮叮当 ● 3. 滚球球 ● 4. "下雪咯" ● 5. 追赶小青蛙 　还可参照评估指南的推荐活动和游戏
3~6个月	● 操控手上的玩具，如摇动、敲击 ● 一般能借助物品玩4个以上的游戏活动 ● 在一组相似的玩具中，对其中一个与众不同的玩具有不同的反应	
6~9个月	● 能够恰当地玩不同功能的玩具 ● 能够从功能上将两个事物联系在一起，如玩具卡车和司机	● 10. 大小配 ● 11. 倒来倒去 ● 12. 请你跟我一起做 ● 6. 赶走大灰狼 　还可参照评估指南的推荐活动和游戏
9~12个月	● 能够知道事物的正确方向、位置，如调整杯子让杯口朝上；把车子放在车轮上 ● 可以看书、拍书、用手指着书或者翻书	
12~15个月	● 能根据物品的用途，自发用各种物品做游戏	● 18. 小小纸杯用途多 ● 15. 垒高楼 ● 19. 百宝箱 　还可参照评估指南的推荐活动和游戏
15~18个月	● 尝试玩不熟悉的物品来确定其功能	

续表

年龄（月份）	一般孩子会……	推荐活动/游戏
18～21 个月	● 运用道具自发地参与成人的活动	● 30. 盛汤圆 ● 32. 打电话 ● 17. 变换的积木 　还可参照评估指南的推荐活动和游戏
21～24 个月	● 成人的角色扮演，如烹饪、敲击、用玩具电话聊天 ● 把物品当做其他物品使用，如把积木当成食物	
24～30 个月	● 跟娃娃或动物说话，让它们互动交流	
30～36 个月	● 在幻想游戏中虚构不同的角色 ● 在游戏中表现出更为复杂的情节 ● 在游戏中运用不同的嗓音代表不同的人物	
30～36 个月	● 在幻想游戏中虚构不同的角色 ● 在游戏中表现出更为复杂的情节 ● 在游戏中运用不同的嗓音代表不同的人物	● 33. 娃娃家之吃饭饭 ● 34. 娃娃家之睡觉觉 ● 35. 娃娃家之洗澡澡 ● 45. 我是小小售货员 ● 46. 我是采购员 ● 47. 我是小厨师 ● 48. 我是小医生 ● 39. 捉小鱼 　还可参照评估指南的推荐活动和游戏
36～42 个月	● 假装游戏中有一个合理的情节发展顺序，包含 3～4 个情节，会随着游戏的进行而不断向前发展 ● 利用材料建造其他物体	
42～48 个月	● 让娃娃、动物布偶或木偶成为游戏中会说话的人物角色 ● 在游戏中讲述自己做了些什么	
48～54 个月	● 利用积木或椅子构建成大型建筑，并在其中做游戏 ● 在假装游戏中与其他人合作，讨论分配角色	
54～60 个月	● 使用动物玩偶或娃娃表演"如果……会发生……" ● 参与复杂的成人角色扮演	

二 评估指南

1. 0~12个月

（1）把手放到嘴上

评估材料

儿童喜欢的黏性食物，如蜂蜜、果酱。

评估方法

平时注意观察。如果还未出现或很少有这一行为，在孩子手背上放一点甜味的或味道不错的食物，轻轻抓起孩子的肘部，将手放到他的嘴上，直到他尝到手上的食物。放开孩子的肘部，再放一点甜的东西在他手上，观察他的反应。如果他还是不能将手放到嘴上，重复上面的操作，必要时给予一定的帮助。

评估标准

能够自发地、经常地将手放入嘴中。

推荐活动/游戏

如果孩子的肌肉有些紧张,试着让他放松,并帮他把手放到嘴上,每天配合他做几次。

(2) 用嘴巴探究事物

评估材料

适合抓握和放嘴里的各种小物品,如磨牙玩具,或者不同质地、温度和味道的物品,这些物品能在不同程度上增加用嘴探究的次数。

评估方法

将玩具放到孩子手中并观察。如果孩子没有或很少将玩具放到嘴上,轻轻抓住孩子的手肘,将其手上的玩具向嘴靠近。如果儿童对玩具很抗拒,试着换一个玩具。如果儿童丢掉玩具,把手放到嘴里,那么换一个更容易抓握的玩具,或者握住孩子的手,引导其将玩具放到嘴边。

要注意咯!

当出现以下情况,你需要一位物理治疗师或职业治疗师的帮助:

- 孩子似乎要把物品放到嘴上,但在接近脸部时物品突然掉落,不同于一般的扔东西。
- 当他转头看向物品,东西会掉落,胳膊会不自觉地伸开。

评估标准

当把物品放到儿童手中,能够用嘴探究多数物品。(注意:用嘴探究事物是婴儿感受和认识事物的一种方式,到学步儿时期,随着认知能力的提高，儿童用嘴探究事物的次数减少，而更多地采用双手操作和观察的方式。但是，由于感知觉的异常，很多 ASD 儿童仍倾向于用嘴巴咬、用鼻子闻的方式来探究事物。因此，这一评估标准仅适于 15 个月以内的儿童。)

推荐活动/游戏

要时常将不同的物品放到孩子的手中，如果他们不主动用嘴探究，帮助他们将物品放到嘴边。

(3) 操控手上的玩具，如摇动、敲击

评估材料

摇动或掉落时能发声或发光的各种小玩具。

评估方法

拿一个拨浪鼓或铃铛在孩子面前摇动，如果他没有主动伸手去拿，就将拨浪鼓或铃铛放到他的手中。如果孩子没有摇动玩具的意图，握住他的手，帮他摇动玩具，然后放开他的手。如果他仍旧没有试图摇动玩具，可轻轻摇晃他的手肘来帮助他。更换其他玩具重复上面的操作。

同样的，用物品敲击桌面或其他平面发出响声，吸引儿童敲击物品。必要的话，可辅助他敲击物品。

评估标准

儿童自发地摇动或敲击几种不同的物品。

推荐活动/游戏

一天当中将拨浪鼓或铃铛呈现在儿童面前几次。当他不能自发做出摇动或敲击物品的动作时,从身体上协助他。

(4) 一般能借助物品玩 4 个以上的游戏活动

评估材料

能够强化特定行为的各种小玩具,如一拍就吱吱响的玩具、拨浪鼓、有摩擦感的玩具、坚硬的玩具、柔软的玩具、球类、带轮子的玩具。

评估方法

一次呈现一种玩具,观察儿童对玩具做什么。如果他对这些玩具只进行1~2个游戏活动,如用嘴舔或摇动,需向儿童示范其他的玩法,如摇晃、轻拍、敲击、推动,并辅助儿童做。

评估标准

儿童能够借助玩具自发进行四种不同的游戏活动,如用嘴舔、摇动、敲击、轻拍、摩擦、推动、扔等。

推荐活动/游戏

在家里的每个房间放一些不同类型的玩具。当你给他换尿布的时候、当他吃饱后舒适安静地坐着、当他在地上或婴儿围栏里躺着的时候,给他一个玩具,观察他如何玩不同种类的玩具,向他展示不同的玩法。如果他不主动尝试,可以在肢体上鼓励和辅助他。

（5）在一组相似的玩具中，对其中一个与众不同的玩具有不同的反应

评估材料

一定数量的玩具、家庭日常用品，如塑料袋、金属、瓶盖等。

评估方法

选择 3~4 个相似的物品（如积木）和一个不同的物品（如皮球），呈现给儿童，并观察他 2~3 分钟。注意他在玩与其他不同的那个物品时有什么变化。举个例子，儿童可能总是以摇动的方式开始探究，当积木和球都不发出声音，他可能开始尝试其他的游戏活动，如敲击。当球碰到桌面时不发出声音，他可能继续尝试其他的玩法，或者花更多的时间仔细观察，或者感觉这个玩具有所不同。如果儿童玩这些玩具没有区别，那么向他展示所有你能想到的玩法，并用语言描述。

评估标准

在几组物品的游戏中，儿童对不同的物品有不同的玩法。

推荐活动/游戏

收集一盒金属的、塑料的、大小不同的、颜色不同的瓶盖，呈现给儿童，并观察他的表现。

（6）能够恰当地玩不同功能的玩具

评估材料

收集各种引发不同反应的玩具，如一拍或挤压就发出吱吱声的玩具、球类、不同性质和质地的玩具、拨浪鼓、铃铛、小汽车、镜子等。

评估方法

向儿童呈现一种玩具，只要他感兴趣就让他玩这个玩具。尽可能呈现各种不同的玩具，比如先呈现一个能发出吱吱声响的玩具，然后呈现一面镜子或者小汽车。将儿童与每个玩具的互动情况记录下来。

如果更换了玩具但儿童并没有改变玩的方式，那么成人在把玩具给儿童之前，需要向儿童示范这一玩具的适当玩法。当儿童仍旧没有模仿所示范的玩法，这时就要从身体上给予一定的辅助。

要注意咯！

尽管要有各种不同的玩具，但儿童玩玩具时不要给他太多玩具。因为太多的玩具会分散儿童的注意力，玩具的数量不要超过5个。

评估标准

儿童能对多数熟悉的玩具进行适当的游戏活动。

推荐活动/游戏

日常生活中，要注意在儿童能够触及的范围内，摆放一些他感兴趣的玩具，并及时做出示范和辅助。当你没有与儿童直接互动时，注意观察儿童是否对不同特征的玩具做出不同的反应。

（7）能够从功能上将两个事物联系在一起

评估材料

儿童熟悉的且在功能上有关联的物品，如汤匙和碗，叉子和盘子，积木和容器等。

评估方法

向儿童呈现两个有关联的物品并观察。如果儿童没有自发地将两个物品功能性地结合在一起，向他示范该如何做。必要时从身体上给予儿童提示和辅助。当呈现另外几组玩具时重复之前的步骤。

评估标准

儿童能够自发地将几组物品结合在一起，这些物品组合的方式应当是不同类别的。如果儿童将许多不同的东西放到不同的容器中，这只能算作物品结合的一种方式。儿童还需要表现出另外1~2种物品结合的方式才能通过这一评估项。

推荐活动/游戏

在家中或者儿童的游戏区域放置几个盒子，盒子里要放置在功能上有联系的游戏材料。将这些游戏材料呈现给儿童，让他自由探索。注意，儿童能否运用某种方式将物品联系起来暗示他对物品功能的理解。

（8）能够知道事物的正确方向、位置，如调整杯子让杯口朝上；把车子放在车轮上

评估材料

各种不同的容器、汽车，以及一些使用时有特定摆放方向的玩具，如杯子。

评估方法

在儿童面前摆放一些汽车或2~3个杯子，将其中一个杯子和汽车正确摆放，其他的杯子和汽车颠倒方向摆放。观察儿童，如果他没有将其他颠倒方向的杯子和汽车正确摆放，就指向其中一个物品，对他说："这个摆得不对，应该这样摆"，同时将物品摆放好。然后指向另外一个说："这个也不对，应该怎样摆呢？"按照上述步骤，运用其他几组玩具进行评估。

评估标准

在一段时间内，儿童能够独立将2种以上物品正确摆放。

推荐活动/游戏

许多儿童通过观察成人如何使用物品来了解物品摆放的正确方向。在日常生活中，成人可以故意将杯子倒扣，倒水的时候对儿童说："哦！杯子这样放可不行，得反过来才能把水倒进去"。然后将杯子正确放置，倒水。或者，摆放一个倒置的容器（一个罐子或者杯子都可以）和一些木块，如果儿童没有主动将容器反过来并把木块放进容器，成人应主动帮他把容器放好，并把木块丢进去。

(9) 可以看书、拍书、用手指着书或者翻书

评估材料

不易撕坏的图画书。

评估方法

让儿童坐在怀里,读书给他听。讲完一页的时候,成人拎着页角,鼓励儿童翻页。

把书给儿童,看看他的反应,是否跟普通儿童一样?他会不会把书页翻来翻去、拍打、用手指,或者看书的时候发出声音?平日应时常重复这一活动。

评估标准

在一段时间内,儿童能够抓住书、拍打、用手指、发出声音,或者其他一些跟看书有关的活动。

推荐活动/游戏

成人每天要花一点时间跟孩子一起看书。很多年幼儿童常常将书颠倒看,这时要注意,除非要读书给他听,否则不要去纠正。对于这一发展年龄的儿童,书的反正与儿童看书、拍书、翻书等技能没有关系。

2. 12~24个月

(1) 能根据物品的用途,自发用各种物品做游戏

评估材料

一些具有不同功能的物品,如梳子、浴巾、能发出声响的玩具、

杯子、汤匙、布娃娃、哨子、可拖拉的玩具。

评估方法

向儿童呈现3~4个熟悉的物品,观察儿童的反应。如果儿童没有按照物品的功能使用,就可以问他:"我们用它还能做什么呢?"可以示范如何正确使用这一物品并鼓励儿童模仿。例如,如果儿童拿着梳子敲桌子,成人可以向他展示如何用梳子梳头发或者给娃娃梳头发。

评估标准

儿童自发地玩各种不同的物品,在玩的过程中展示出这些物品的功能。

推荐活动/游戏

应注意观察,儿童与新玩具或日常用品的互动表现。电视机遥控器常常是儿童首先探索的对象。

(2) 尝试玩不熟悉的物品来确定其功能

评估材料

一些具有不同功能的物品,如梳子、浴巾、能发出声响的玩具、杯子、汤匙、布娃娃、哨子、可拖拉的玩具。

评估方法

呈现一个对儿童来说较为新奇的物品,看看他会做些什么样的探索。如果上面有根绳子,他可能会去拉绳子,可能会操控玩具上面能活动的部分,或者对这个东西摸来摸去。他可能会找到使这个物品"运作"起来的方式,并且反复尝试。也可能把这个物品给你,让你教他如何运用这个物品。

评估标准

在不同的情境下,当给儿童一个不熟悉的物品时,他能做出一些尝试来确定物品的功能,或者请求成人做示范。

推荐活动/游戏

平时注意观察,儿童在摆弄物品时是否依据物品的功能来使用。

(3)运用道具自发地参与成人的活动

评估材料

家庭或者教室的假装游戏区域中常见的物品,如小扫帚、小拖把、帽子、镜子、抹布、过家家、布娃娃、动物布偶、玩具电话、旧手提袋等。

评估方法

准备上述的5~6种材料,把这些东西随机地放在一个小区域中。当他主动探索这些东西时跟他交谈,看他用这些东西做些什么。他会不会像成人一样使用这些道具?如果不能,向他展示如何使用这些道具。

评估标准

儿童能够自发地运用道具进行几项成人的活动,也就是说,儿童并不是看到成人的活动后立即模仿。在不同时间段多次观察到儿童进行某一成人活动时,才能认为儿童学会了这个活动。

推荐活动/游戏

在日常生活中,要时常用语言描述自己所做的事情,给儿童参与和尝试的机会。如果你在扫地,可以告诉他你在扫脏东西,让儿童看看扫出来的垃圾,告诉他你是如何清理这些垃圾的。然后你也给他一个小扫帚,让他跟你一起扫地。当你用锤子修理东西时,给他一个小锤子或者木棒,这样他也能假装敲一敲。或者给他一块抹布,让他跟你一起擦干溅出来的水。

(4) 成人的角色扮演,如烹饪、敲击、用玩具电话聊天

评估材料

家庭或者教室的假装游戏区域中常见的物品,如小扫帚、小拖把、帽子、镜子、抹布、布娃娃、动物布偶、玩具电话、旧手提袋等。

评估方法

当儿童能够运用这些道具进行游戏,便尝试引导他玩一些假装游戏。比如,假装电话铃响了去接电话,说"是爸爸,他要跟你说话",把电话给他,看他如何做。他会不会边听边说,好像在跟另一个人交谈。或者你把玩具餐具拿出来,建议他给你做一顿晚餐,看看他能否完成2~3个步骤,例如,拿起一个盘子,假装把食物放在盘子上,然后把盘子递给你。

评估标准

在不同的情境下,儿童能够进行较为复杂的成人角色扮演,比如假装打电话,在餐桌上为多个人摆放餐盘,或者用螺丝刀修理东西。

推荐活动/游戏

儿童的游戏材料可以是安全性高的成人使用的物品,也可以是模拟实物的玩具,如工具、水壶、平底锅、餐盘、玩具电话等。如果儿童没有自发地使用这些道具进行假装游戏,可以向儿童展示一个游戏活动,然后把游戏材料给他,鼓励让他模仿。例如,假装把瓶子里的东西倒入平底锅,用玩具木槌敲木头,假装打电话等。

(5) 把物品当做其他物品使用,如把积木当成食物

评估材料

玩具餐盘、积木、珠子、橡皮泥、沙盘。

评估方法

给儿童提供一些简单的、促使儿童进行假装游戏的游戏材料。向儿童示范如何玩,例如,用橡皮泥帮他做一个汉堡包、热狗或者点心,然后假装吃这些"食物"。让他把这些"食物"给熊先生,因为熊先生饿了。用积木围成一个圈,当做篱笆,然后把动物玩具放到里面,防止动物跑走。在与儿童游戏的过程中,成人的指导逐渐减少,取而代之的是跟随儿童开启的假装游戏。

评估标准

在不同情境中成人不提示的情况下,儿童能把一个物品当做另外一个物品来使用。

推荐活动/游戏

成人可以通过回应儿童加入他的假装游戏中。如果他递给你一个"水果派",你就假装吃掉它;如果他骑在一个扫帚上到处跑,可以问问他是不是在骑马。

3. 24~36个月如何评估?

(1)跟娃娃或动物说话,让它们互动交流

评估材料

可以激发儿童想象游戏的玩具,如布娃娃、小床、瓶子、小碟子、汽车、卡车、玩具动物、木偶、布娃娃的服装。

评估方法

拿两个布偶或者玩具动物,让两个布偶或动物对话,把其中一个布偶或动物递给儿童,让他代替布偶或动物说话。可以尝试把两个布偶都给儿童,看他是否能像你一样让两个布偶对话。

评估标准

儿童能自发加入想象游戏中来,可以跟玩具动物或布娃娃对话,或者让两个动物或布娃娃对话互动。动物之间的争斗常常出现在一些儿童的想象游戏中。

推荐活动/游戏

假装游戏是成人与儿童游戏互动的好方法,也是儿童自我娱乐的好方式。拥抱、亲吻小娃娃,让小娃娃坐着玩具汽车兜兜风,跟小娃娃讲话……成人应时常与儿童进行类似这样的假装游戏,并鼓励儿童参与进来。

(2) 在幻想游戏中虚构不同的角色

评估材料

布娃娃,动物布偶,小货车或其他有轮子的玩具,空的食物盒子,玩具餐盘和餐具,铅笔和纸,旧鞋子和帽子以及其他成人废弃的但儿童可以用来游戏的物品。

评估方法

在与儿童游戏时示范各种不同的角色,如假装自己是个小婴儿,让儿童给你喂食物或者照料你。或者你也可以给儿童设定一个角色,跟她说:"你来当妈妈,你要去上班了,你需要做点什么呢?"

评估标准

在游戏中儿童能够假设出至少三种不同的角色。这可能是自然而然发展出来的角色,也可能是他人建议的结果,但是,儿童是否真正理解每一个角色,可以通过他是否运用不同的道具或表现出不同的行为体现出来,例如,用吮吸奶瓶或嗷嗷的哭声来扮演小婴儿,戴上帽子来扮演爸爸,使用听诊器来扮演医生。

推荐活动/游戏

如果儿童有意愿让你参与他的游戏,那么尽可能地参与进来。当其他小伙伴也在,鼓励他们也参与进来。如果孩子们没有自发地假设一些角色,可以给他们提供一点建议,比如,"谁愿意当妈妈?"

"谁想要当爸爸?"

(3) 在游戏中表现出更为复杂的情节

评估材料

布娃娃、动物布偶、小货车或其他有轮子的玩具,空的食物盒子,玩具餐盘和餐具,铅笔和纸,旧鞋子和帽子以及其他成人废弃的但儿童可以用来游戏的物品。

评估方法

通过示范或者加入游戏的方式,鼓励儿童进行更为复杂的想象游戏。偶尔也可以给儿童提一点建议,但并不是为他设定好整个游戏过程。例如,你可以对儿童说:"这只小熊的腿受伤了,它需要一位医生为它治疗伤口。"

评估标准

至少在三种情境下,儿童在想象游戏中自发地表现出复杂事件,比如假装在做饭,然后为他人盛饭;把小货车当做购物车,假装买食物,把买来的食物带回家,并且放好;会说卡车坏了,把积木当成工具修车,车修好后继续开动。

推荐活动/游戏

如果儿童有意愿让你参与他的游戏,那么尽可能地参与进来。当其他小伙伴也在,鼓励他们也参与进来。如果孩子们没有自发地假设一些角色,可以给他们提供一点建议,比如,"谁愿意当妈妈?""谁想要当爸爸?"

(4) 在游戏中运用不同的嗓音代表不同的人物

评估材料

布娃娃、布偶、动物布偶,以及其他辅助角色扮演的玩具。

评估方法

当你也参与到儿童的假装游戏中,对游戏中假设的不同角色采用不同的嗓音。例如,当你扮演婴儿的时候,你的嗓音要细一点,说话的口气要像小孩儿一样;当你是一头狮子,要用大声的怒吼的声音来表演。注意儿童的表现,当他扮演不同的角色是否也会改变嗓音。

评估标准

在多个情境中,儿童能够用不同的嗓音为布偶、布娃娃或其他故事角色配音。

推荐活动/游戏

平时在给儿童读书的时候,可以采用不同的嗓音代表不同的角色。当儿童对某个故事非常熟悉的时候,让儿童看着图片讲给你听。看看儿童是否也会对不同的角色使用不同的嗓音。

4. 36~48个月如何评估?

(1) 假装游戏中有一个合理的情节发展顺序,包含3~4个情节,随着游戏的进行而不断向前发展

评估材料

布娃娃、动物玩偶、小货车或其他有轮子的玩具,空的或满的食

物罐子、盒子，玩具水壶和平底锅，玩具工具。

评估方法

引导儿童在假装游戏中有一定的情节发展顺序，例如，给儿童一些橡皮泥，让他给你做一顿午餐。鼓励儿童用语言描述自己所做的事情。观察儿童自发的假装游戏，注意游戏的情节步骤是否有逻辑性。

评估标准

在至少两个不同情境中，儿童的想象游戏有一定的逻辑顺序，包含3~4个情节步骤。

推荐活动/游戏

在日常活动中，成人要有意识地用语言描述活动的步骤，比如，"首先我们要把锅加热，然后把鸡蛋放进去，等鸡蛋的一面熟了再翻到另外一面，最后我们就把鸡蛋盛到盘子里"；又如，"我们要去商店买东西，首先需要列一个清单，这样就不会忘记任何要买的东西，然后必须拿着钥匙和钱包"。

（2）利用材料建造其他物体

评估材料

积木、碎布、盒子、瓶盖、塑料容器、绕线轴。

评估方法

让儿童充分自由地置身于积木、塑料容器等建筑游戏活动中，不要阻碍儿童运用这些游戏材料的方式,而是观察儿童,跟他说一说他正在做的事情。比如你可以问他,"你在做什么？你把他们搭得这么高,这是一座塔吗？"偶尔也可以跟儿童肩并肩一起玩,自己创造一些简单的事物。例如,把珠子串起来变成一条蛇;用积木或盒子搭成的房子;用绕线轴和盒子拼成的汽车。不论做什么,务必向儿童解释你在做什么。

评估标准

儿童能时常运用一些游戏材料构建出其他的事物,并表达这个"杰作"是什么。这里的表达可以是语言的,也可以通过肢体行为表达。

推荐活动/游戏

不管在家里还是教室,可以在一个小区域内为儿童提供一些建筑性游戏材料,让他们能够自由探索和创造。鼓励2~3名儿童共同游戏,倾听他们的对话,了解他们正在建造什么。偶尔也可以让他们给你展示一下他们的"作品",或展示给班上的其他同学看。

（3）让娃娃、动物布偶或木偶成为游戏中会说话的人物角色

评估材料

布娃娃、动物布偶或木偶。

评估方法

成人要向儿童示范如何将布娃娃、玩具布偶或木偶等融合到游戏中,比如与布娃娃对话,或者让两个小动物对话。这是帮助儿童

进入游戏活动的一个良好途径。如果儿童要去看医生,你可以拿一个木偶担任医生的角色,拿一个布娃娃担任生病的小朋友。小朋友很害怕,但是医生非常和蔼,医生听了听他的心跳,摸了摸他的额头,对他说:"你表现得真勇敢,像个大孩子一样。"

在儿童游戏时,成人要注意观察和倾听他的话语。如果儿童在游戏中始终没有对话或者仅有一个角色,成人要试图加入游戏当中,扮演另外一个角色,增加与其他游戏角色的对话。

评估标准

在至少两个游戏情境中,儿童能够赋予布娃娃、动物布偶或木偶一定的角色和对话。

推荐活动/游戏

可以在教室里设置一个戏剧游戏区域,让不同游戏能力的儿童参与进来。也可以搭建一个小型的木偶剧舞台,组织孩子们表演一些简单的木偶剧。在他们游戏过程中,观察和记录每个儿童的表现和进步。

(4) 在游戏中讲述自己做了些什么

评估材料

无

评估方法

在进行游戏时注意倾听儿童的语言。如果他没有用语言描述自己当下的活动,可以通过评论的话(如"卡车上好像装了很重的货物")、提问(如"卡车上装了这么多的货物,是要运到哪里呢?"),以及示范(如"嗯,让我想想,我要先挖几个洞,再把花种进去")的方式来鼓励他们用语言描述。

评估标准

儿童能主动用语言描述当下的游戏活动。

推荐活动/游戏

平时要注意倾听孩子们的对话。跟成人相比,儿童更倾向于对同伴说自己所做的事情。

5. 48~60个月如何评估?

(1) 利用积木或椅子构建成大型建筑,并在其中做游戏

评估材料

无

评估方法

成人向儿童示范如何搭建一个游戏屋或者一个私人的空间。将旧毛巾或床单搭在椅子或者桌子上,或把几个椅子排列形成一个单独的空间。让儿童在这个新的空间内做游戏,也可以根据儿童的意愿改变空间。

评估标准

在至少两个游戏情境中,没有成人指导的情况下,儿童可以自发地搭建一个空间或区域进行游戏,在这个空间或区域内可以独自

游戏,也可以与其他伙伴集体游戏。

推荐活动/游戏

在教室或游戏室,利用椅子或巨型的积木帮孩子们搭建一条马路、一列火车或者一个小房子。特别是在自由游戏时鼓励他们进行这样的游戏活动。

(2) 在假装游戏中与其他人合作,讨论分配角色

评估材料

无

评估方法

成人要向儿童示范如何在游戏中与其他人合作。例如,假设在游戏中,成人扮演小婴儿,儿童扮演家长,这时成人就可以问儿童,"我应该扮演一个哭泣的小宝宝还是个快乐的小宝宝呢?"成人应充分配合儿童的游戏意愿。有时候,扮演的角色可以故意有所不一样,看他是否会纠正你的表演。

评估标准

在至少3个游戏情境中,儿童能在假装游戏中与他人合作,共同探讨游戏角色。

推荐活动/游戏

对于少数儿童来说,假装游戏是自然发生的游戏活动。在孩子们一起游戏时,注意观察他们的表现。如果他们没有自发讨论角色,可以通过提出问题或给予建议鼓励他们进行角色分工。

(3) 使用动物玩偶或娃娃表演"如果……会发生……"

评估材料

动物玩偶、布娃娃或木偶。

评估方法

成人可以在与儿童的游戏互动中,利用布娃娃、木偶或动物玩偶鼓励儿童形成先后顺序的思维。当某一游戏角色身上发生了某件事情,就可以顺承事件的发生询问儿童,接下来会发生什么。比如,"小宝宝的膝盖磕破了,他该怎么办呢?"然后按照儿童说的演绎下去,或者把"小宝宝"给他,让他来做。如果儿童没有任何回应,成人可以提出一些假设的情节并表演出来。

不管儿童独自游戏还是集体游戏,可以通过儿童的表现得知他是否开始通过想象游戏展示他问题解决的能力,或者他是否为游戏情境设定了一个不同寻常的结果。

评估标准

在至少两个以上游戏情境中,儿童运用布娃娃或玩偶演绎接下来可能发生的事情。

推荐活动/游戏

关注儿童在集体游戏中的表现,他是否按照预期游戏情节参与假装游戏。例如,一个同伴扮演的司机因为撞车而受伤了,看看儿童的表现。他可能立马拿过一个动物玩偶说:"这是医生,他可以为你治疗"。如果儿童有这些自发的表现,成人可以试图通过提问的方式帮助儿童找到解决问题的办法,比如可以这样说:"发生了什么?""我们该怎么办?"

(4) 参与复杂的成人角色扮演

评估材料

无

评估方法

在与儿童共同进行想象游戏时,成人要为儿童示范如何进行角色扮演。可以假设不同的角色(如"我是妈妈,我要去上班了")、发起问题情境(如"天啊,车开动不了了,我该怎么办?"),并尝试让儿童解决这些问题。成人不仅要为儿童提供游戏机会,也要让儿童在与其他同伴的游戏中练习这一技能。

评估标准

在至少3个以上游戏情境中,儿童与同伴或成人共同参与复杂的成人角色扮演。

推荐活动/游戏

在过家家的游戏区域中,成人式的角色扮演很自然就成为儿童假装游戏的内容。注意观察儿童参与的程度。他是仅仅跟随其他儿童,还是真正地扮演其中的角色。如果他表现得不积极,可以就儿童扮演的角色给出建议或者示范。

第三部分

让我们一起在游戏中促进儿童成长

有人说，儿童具有天生的游戏能力。其实，儿童游戏能力的发展也像其他能力一样，有一个发展的过程，需要日积月累。游戏能力可以看做是儿童的一种复合能力，它的发展离不开感知、运动、认知、语言、沟通、交往等多种能力的获得、发展和配合。单看儿童滚动小汽车这个最简单的游戏，它集合了儿童的视觉能力、手眼协调能力、认知能力（认识这是小汽车，小汽车可以跑，小汽车依赖车轮才能跑）等多个能力，有一方面的能力达不到，这个游戏便无法进行下去。在这一部分，我们设计了52个游戏活动方案，多数活动方案的目标并非直接聚焦于游戏能力，而是游戏能力发展不可或缺的一些能力，如追视能力、共同注意、手眼协调、身体控制、社会互动等，这些能力的发展将有助于儿童游戏能力的提升。

从游戏内容上看，游戏活动方案按三个年龄段划分：a. 0～2岁：这一阶段儿童的游戏主要是对事物的操作和功能的探究，以练习游戏和功能游戏为主，因此这一部分的游戏重在发展儿童身体运动能力，特别是儿童的手眼协调能力；b. 2～4岁：儿童2岁已具备较好的行走能力，这一阶段的儿童对外界探索的范围进一步扩大。除了运动能力，认知能力、语言能力均发展迅速，儿童对周围事物有了更多更深的理解，假装游戏有了初步的发展；c. 4～6岁：这一阶段的儿童已具备基本的运动能力，因此，游戏聚焦于儿童身体的控制力和灵活性；游戏内容突出人际互动性；儿童开始了较为复杂的角色扮演游戏。

在选择游戏活动时，要充分考虑ASD儿童个体的独特性，包括儿童的感知觉特征、优势领域、兴趣、游戏材料的偏好、游戏水平、注意力水平和配合度等。了解ASD儿童的感知觉特征和优势领域，我们可以从儿童擅长的领域入手，选择儿童力所能及的活动，让他们获得成功的体验；选择ASD儿童感兴趣的活动和喜爱的游戏材料，更容易引发儿童的游戏活动。对ASD儿童的游戏水平进行评估，有助于让我们选择的游戏活动更适合儿童当下的能力水平，为进一步提高他们的游戏水平确定基线；ASD儿童游戏的配合度往往与其注意力水平有着密切的关联，很多ASD儿童存在注意力缺陷，注意力维持时间短暂的问题，这就需要综合儿童的感知觉特征和优势领域选择游戏活动，如果他擅长运动，那么可以根据儿童的运动能力水平，选择适合的游戏，帮助ASD儿童提高注意力和游戏能力。

在实施游戏活动时，要注意几点：一是，我们提供的每个游戏活动方案，有多个步骤和变式，其难度不同，需要根据ASD儿童的能力来选择实施；二是，在活动方案中我们反复强调，ASD儿童有不同的反应（没有回应、有一定的意识、独立完成等）时，我们该如何应对？如何提供辅助和支持？如何进一步拓展游戏？这些不仅需要成人在与儿童实施游戏时反复练习，更需要在实践之后不断反思和改进，以更好地促进ASD儿童的游戏发展。三是，从游戏形式上看，我们提供的游戏方案既有桌面游戏也有运动游戏，有一对一游戏也有集体游戏，同样，要依据儿童的能力和偏好来选择。

下面，我们开始行动吧！

 0~2 岁

1. 小车动起来（追视能力）

我们为什么这样做？

儿童4个月的时候,具备一定追视目标的能力。这一能力是儿童游戏能力发展的基础能力之一,但是,对于 ASD 儿童来说,他们在游戏活动中缺乏对事物和人的追视能力。这个活动的目标在于提高儿童的追视能力。

儿童需要准备的

视觉正常。

成人需要准备的

玩具小车。

开始玩吧！

- 成人坐在地板上,让儿童靠坐在自己怀中,用生动的语言向

儿童介绍小车。

- 拿起小车，放在儿童眼前 30 厘米处，推动小车并说道，"滴滴，小车动起来咯……"
- 观察儿童的眼睛是否追视车子。带着儿童到小车停下来的地方，再次推动车子。

我们还可以这样玩！

- 成人可以手持小车，让车子在儿童眼前的空间飞动，观察儿童是否追视车子；也可以手持一块颜色鲜艳的手帕，在儿童眼前舞动，观察儿童的眼睛注视情况。
- 也可以使用电动有声响的小汽车，汽车碰到障碍物会拐弯，鼓励儿童追视车子的运动过程。
- 在光线较暗的房间内，用手电筒照在墙壁上的不同位置，引导儿童追随光点。
- 可以玩"寻宝藏"的游戏，利用儿童喜欢的物品或玩具，在儿童的面前藏起来，看他是否追视成人的动作，并成功将喜欢的东西找出来。一开始把物品藏在儿童易看到易拿到的地方，逐步增加藏物品的路线距离，增加寻找的难度。

🔔 **特别要注意的事情**

- 选择的玩具车要吸引儿童的注意力，可以是多种颜色的、颜色鲜艳的，或者是能够发出声响的。
- 平时通过一些小细节来观察 ASD 儿童的追视能力，例如，在儿童玩玩具时，将他喜欢的玩具拿走不给他，看他的眼睛是否一直追视玩具；外出游玩时，如果有小狗或者蜻蜓等运动中的小动物，看他是否会追视。

掌握了吗？

如果儿童追视车子超过 3 秒钟，就达成目标了！

2. 叮叮当（手眼协调能力）

我们为什么这样做？

　　手眼协调能力是儿童游戏发展必备的能力。很多年幼的 ASD 儿童的手眼协调能力相对较弱，简单的拉扯动作能够很好地锻炼儿童的手眼协调能力。这个活动的目标是提高 ASD 儿童的手眼协调能力，在一拉一扯的过程中，让 ASD 儿童体验和理解到事物之间的关系。

儿童需要准备的

视觉正常，具备一定的抓握能力。

成人需要准备的

系好绳子的小铃铛。

如何 在游戏中干预自闭谱系障碍儿童

开始玩吧！

- 将小铃铛系在衣帽架或者椅子扶手上。
- 把儿童抱到系铃铛的地方，成人示范拉动绳子，让铃铛响起来。
- 让儿童拉住绳子，或者将绳子一端系在儿童的手腕上，引导儿童拉动绳子，让铃铛响起来。

我们还可以这样玩！

- 放一些节奏感强但旋律缓慢的音乐，引导儿童随着节奏拉动铃铛。
- 也可以利用家里的台灯，在拉动绳子的同时，灯会点亮或熄灭。
- 提供一些有拖绳的小动物或车子，当拉动起来的时候会发出响声，同时，玩具会随着绳子的拖动而靠近，让儿童理解力与方向的关系。

🔔 **特别要注意的事情**

- 一开始可以将线绳拴在儿童的手腕上，随着儿童能力的提高，可以让儿童主动去抓线绳，并逐步增加儿童与线绳之间的距离，增加活动难度。

掌握了吗？

如果儿童能够主动、反复拉动绳子，让铃铛响起来，就达成目标了。

3. 滚球球（手眼协调、共同注意能力）

我们为什么这样做？

儿童6个月时能坐起来，他们的双手更加灵活，能够抓住移动的物体。这个游戏可以让ASD儿童通过推滚动的球来提高其手眼协调能力，同时，和成人一起做这个游戏，可以增加ASD儿童与成人之间的身体接触和互动，提高儿童的共同注意能力。

儿童需要准备的

具有坐的能力。

成人需要准备的

充气塑料大球。

开始玩吧！

- 成人坐在儿童身后，让儿童靠在怀中，面向墙壁坐。
- 成人把球放在儿童面前，跟他一起拍拍球，随着儿童对球的玩法配合他。
- 成人寻找机会拿到球，将球推向墙壁，当球弹回时，帮助儿童用双手接球。
- 当儿童接到球时，成人用夸张的语气欢呼，"我们接到球了，太棒了!"
- 激发儿童的兴趣,重复推球、接球。

我们还可以这样玩!
- 当儿童能够轻松地接到球,可以尝试拉远与墙壁的距离,增加接球的难度。
- 儿童和成人可以面对面坐着,轮流把球推给对方。

🔔 **特别要注意的事情**
- 成人推球的力度不宜太大,否则反弹回来的球会伤到儿童。
- 在推球和接球的过程中,成人可以用语言对当下的动作进行描述,比如"球球推出去咯","球球回来咯"。
- 在活动中,成人要配合较为夸张的欢呼声和加油声,鼓励儿童的表现。

掌握了吗?
儿童能够主动将反弹回来的球推出去,就达成目标了!

4. "下雪咯"(手指灵活性)

我们为什么这样做?
儿童在 7 个月的时候,常常喜欢撕扯各种各样的物品,对于 ASD 儿童也是一样,这似乎是每个孩子的天性。手部精细运动是儿童发展的一个重要领域，但很多 ASD 儿童在这一方面常常落后于正常的发展水平。在这个活动中，通过撕纸的游戏，我们让 ASD 儿童练习手指的力量以及灵活性，体验力量、动作与事物的关系。

儿童需要准备的

抓握能力，手指有一定的力量。

成人需要准备的

餐巾纸或白纸。

开始玩吧！

- 成人与儿童面对面坐，拿出一张餐巾纸或白纸，看儿童会怎样玩。
- 如果儿童主动撕纸玩，那么成人就加入和他一起玩。
- 如果儿童没有什么反应或仅仅将纸揉成一团，这时成人可以示范撕纸，并像雪花一样将碎纸洒落，边撒边对儿童说"下雪咯"。
- 成人引导儿童撕纸。

我们还可以这样玩！

- 当儿童能够主动完成撕纸的过程，成人可以拿一张大一点的纸和儿童轮流去撕。

🔔 特别要注意的事情

- 选用的游戏材料尽量不要用报纸,因为报纸上的油墨不卫生。
- 开始时可以使用餐巾纸,等儿童手指力量大一些的时候,再换成白纸。

掌握了吗?

儿童把纸撕得越碎,儿童手指的灵活性越好。

5. 追赶小青蛙(抓握能力、手眼协调能力)

我们为什么这样做?

儿童一出生就具备抓握能力,而在 8 个月的时候,手部的精细运动发展得更为灵活,能够准确地抓住运动的物体。ASD 儿童去抓跳动中的小青蛙,不仅可以提高他们对小动物的兴趣,同时还能锻炼他们的追视能力、手指抓握能力和手眼协调能力。

手具有儿童需要准备的

手具有抓握能力,手指具有较好的灵活性。

成人需要准备的

带发条的玩具。

开始玩吧！

- 与儿童一起坐在地上或床上。
- 拿出玩具，向儿童介绍这个玩具是什么，然后拧紧发条。
- 把玩具放在地上，放开，看儿童有什么反应。
- 如果儿童主动去抓跳动的小青蛙，成人可以适当提供辅助，帮他一起抓住小青蛙。
- 如果儿童只是很感兴趣地看，那么成人可以对儿童说"小青蛙要逃跑咯，我们要抓住它"，成人示范去抓玩具，抓住以后，要用夸张的语气大声欢呼，"抓到咯！"
- 鼓励儿童也试着去抓住跳动的青蛙。

我们还可以这样玩！

- 放下玩具时，成人和儿童可以比赛，看谁先抓到玩具。注意，成人要时常故意输给儿童，以此鼓励儿童积极地抓住青蛙。
- 也可以准备两个颜色不同的发条玩具，成人和儿童比赛看谁先抓到。

🔔 特别要注意的事情

- 儿童抓住玩具青蛙时，要立刻表扬鼓励，提高儿童做游戏的积极性。
- 成人要根据儿童的情况提供辅助，一开始提供程度较高的辅助——身体辅助,即抓着儿童的手去完成,渐渐的,可以提供半援助辅助,仅仅托一下儿童的手肘或推一下他的手腕来完成,还可以用手指或语言来提示儿童。

掌握了吗?

儿童能够主动、迅速地抓住青蛙。

6. 赶走大灰狼(手臂力量、手眼协调能力)

我们为什么这样做?

在很多儿童故事中,大灰狼是一个坏家伙。在成人与ASD儿童齐心协力赶走大灰狼的过程中,锻炼了他们的手臂力量,提高了手眼协调能力,也在一定程度上提高了ASD儿童与他人的共同注意能力,而这一能力是ASD儿童在游戏中非常缺乏的一种能力。

儿童需要准备的

抓握能力。

成人需要准备的

矿泉水瓶或饮料瓶,大灰狼贴纸,皮球。

开始玩吧！

- 成人和儿童坐在地上,儿童坐在成人的两腿之间。
- 成人将大灰狼贴纸贴在瓶身上,放在较远的位置。
- 成人将球递给儿童,对儿童说"大灰狼很可怕,我们要把它赶走",然后用手指一指瓶子,观察儿童的反应。
- 如果儿童有向瓶子扔球的意识,因为力量不够没有扔到,那么鼓励儿童再扔一次;如果儿童因为扔的技巧不够,那么适当地提供身体辅助。
- 如果儿童没有反应,成人示范将球朝着瓶子扔过去,将瓶子击倒,对儿童说"看,我把大灰狼打跑了"。
- 把瓶子摆好,试着指导儿童扔球,再次撞击瓶子,欢呼"把大灰狼赶走咯!"
- 鼓励儿童自己拿起皮球赶走"大灰狼"。

我们还可以这样玩！

- 可以在不同的位置(远、近)摆上大小不一的瓶子,鼓励儿童用球撞击瓶子。

🔔 特别要注意的事情

- 如果儿童不会扔球,可以放在地上用推球来代替。

掌握了吗？

儿童能够连续 2 次将瓶子撞倒。

7. 抓泡泡（手眼协调、追视能力）

我们为什么这样做？

14个月的儿童非常喜欢吹泡泡的游戏。面对这些透明发亮随风舞动的小精灵们，儿童们总会忍不住去抓住这些神奇的泡泡。在这个活动中，可以让ASD儿童认识泡泡，鼓励儿童去抓这些泡泡，可以让他们锻炼大肌肉运动能力、手眼协调能力以及追视能力。成人与ASD儿童一起抓泡泡，可以提高ASD儿童与他人的互动能力。

儿童需要准备的

走的能力、抓握能力。

成人需要准备的

水、洗洁精或肥皂水、各种形状的镂空模子。

开始玩吧！

- 成人调制好吹泡泡的液体。
- 成人吹几个泡泡，引导儿童观察泡泡，"看，这是泡泡，这个是大泡泡，这个是小泡泡，它们要飞走了"，让儿童对泡泡产生兴趣。

- 观察儿童的反应,如果儿童有意识去抓泡泡,可以给儿童提供一个木棒(例如一根筷子),让儿童用木棒戳破泡泡,降低活动的难度。
- 如果儿童对泡泡很感兴趣,但没有主动去追泡泡、抓泡泡,向儿童示范如何抓泡泡。
- 如果儿童有能力抓住泡泡,鼓励儿童追泡泡、抓泡泡。

我们还可以这样玩!

- 一次吹出多个泡泡,成人和儿童比赛抓泡泡,激励儿童抓泡泡的兴趣。
- 可以找1~2名同龄儿童一起抓泡泡。

🔔 特别要注意的事情

- 吹的时候位置尽量低一点,以免儿童够不到泡泡。
- 吹泡泡时要在儿童身旁吹,不要对着儿童吹泡泡,以免肥皂水溅到儿童的眼睛里。

掌握了吗?

如果儿童能够准确地连续抓住3个泡泡,就达成目标了!

8. 我的小手印(手部控制力、感知颜色和形状)

我们为什么这样做?

儿童手部小肌肉的发展提高了他对手的控制能力。在这个游戏中,通过控制手的动作,印画出不同的形状,增强了 ASD 儿童对手的控制能力,印一个小手印,ASD 儿童将会有不一样的触觉体验(湿的、粘的),同时,强化了 ASD 儿童对不同的颜色和形状的感知,加强了他们对手的动作与形状之间因果关联的认知,进而激发他们的游戏兴趣。

儿童需要准备的

手部具备基本的活动能力。

成人需要准备的

易清洁的儿童罩衫、白纸、颜料、毛巾。

开始玩吧!

- 与儿童坐在地上,儿童坐在成人的两腿之间。
- 将调好的颜料放到托盘中,将手沾上颜料,然后把整个手掌印在纸上,对儿童说,"你看,我印了一个大手印,你也试试吧"。
- 如果儿童没有回应,将儿童的整个手掌在托盘中按一下,再把他的手按在纸上,告诉儿童这是他的手印。
- 扶着儿童的手,在纸上多印几次,让儿童体验颜色的深浅变化。
- 如果儿童有想要尝试的意图,鼓励儿童自己蘸颜料按手印,并适当地提供身体和语言辅助。

我们还可以这样玩!

- 可以使用多种颜色的颜料,增强儿童对不同颜色的理解。
- 可以尝试让儿童印脚印,对比手印和脚印的不同。
- 可以把成人和儿童的手印和脚印放在一起,增强儿童对大小的理解。
- 冬天的时候,可以在有雾气的玻璃上按手印。

🔔 特别要注意的事情

- 当儿童完成了自己的手印,成人要注意及时表扬儿童的行为,鼓励儿童多做几次尝试。
- 使用颜料时注意及时清洁,以免儿童误食。

掌握了吗?

儿童能够主动印至少 2 个手印。

9. 推推拉拉（平衡能力、互动能力）

我们为什么这样做?

这个活动让 ASD 儿童充分感知推和拉力量的变化,锻炼儿童的肌肉力量和平衡能力,而在成人与儿童一推一拉、一俯一仰之间,可以增加游戏的社会互动性,这也是 ASD 儿童游戏所缺少的元素。

如何在游戏中干预自闭谱系障碍儿童

这个游戏非常适合亲子之间的地板游戏。

> **儿童需要准备的**
>
> 坐的能力、抓握能力。
>
> **成人需要准备的**
>
> 地垫。

开始玩吧!

- 在儿童情绪较好、配合度较高时,成人与儿童可以面对面坐在地垫上。

- 成人与儿童手牵着手,脚底相对,可以这样用语言指导儿童的动作,"看,这是妈妈的脚,宝宝的脚在哪里,快伸过来,跟妈妈的脚对起来,宝宝的手在哪里,快伸出来,和妈妈的手牵起来"。

- 如果儿童无法遵照指令完成动作,成人需要提供一些身体辅助,例如,主动将儿童的手和脚放到指定的位置。

- 如果儿童有意愿去做,那么成人可以适当提供辅助,例如轻拍一下儿童的胳膊和腿,示意或引导儿童的手和脚到达指定位置。

- 和儿童一起来回推拉。儿童拉,家长向前倾;儿童推,家长向后仰。依次反复。

- 可以边念儿歌边做动作,增加活动的趣味性,例如"拉大锯,扯大锯,姥姥家,看大戏"。

我们还可以这样玩!

- 可以随着歌曲《拔萝卜》来进行这个游戏。

🔔 特别要注意的事情

- 如果脚底相对时,家长和儿童不容易拉手,家长可以把腿环绕在儿童身体周围。

掌握了吗?

如果儿童能够随着儿歌或歌曲节奏拉着成人的手前后推拉,就达成目标了!

10. 大小配（理解大小概念和事物关系）

我们为什么这样做?

9个月的儿童开始有了初步区分大小的能力。通过这个游戏可以促进ASD儿童对大小概念的理解,提高事物对应关系的理解。

儿童需要准备的

抓握能力,视觉正常。

成人需要准备的

一大一小两个带盖的盒子。

如何在游戏中干预自闭谱系障碍儿童

开始玩吧！

- 成人与儿童面对面坐在地上,将两个盒子并排放在儿童面前。

- "我们来给盒子带上帽子吧",拿起大盖子,"这个大帽子是大盒子的,给它戴上吧",拿起小盖子,"这个小的是小盒子的帽子,你来给它戴上吧",把小盖子给儿童,让他放到小盒子上。

- 如果儿童没有主动将小盖子放到小盒子上,成人需要再次发出指令,同时配合手势动作指导儿童,如果还没有反应,那么提供身体辅助,拿着儿童的手去完成,或者提供半援助辅助,即托一下儿童的手肘或抬一下儿童的手腕。

- 将两个盖子都拿下来,递给儿童,让他尝试给盒子"戴上帽子"。

- 如果儿童没有主动完成"戴帽子"的任务,那么根据第三个步骤中的方式提供辅助。

我们还可以这样玩！

- 选择两个不同颜色的盒子,按照颜色的不同给盒子戴上帽子。

- 将两个大小不同的物体分别对应大小放在盒子里面,如大瓶子和小瓶子,帮助儿童区分大小和对应关系。

- 成人将大盖子戴在头上,将小盖子戴在儿童的头上,告诉儿童,大人戴大帽子,小孩戴小帽子,帮助儿童区分大小。

- 日常生活中,从吃饭用的餐具也可以帮助儿童区分大小,如大碗、小碗。

🔔 特别要注意的事情

- 成人要及时鼓励儿童正确的表现,同时用手指着告诉儿童,"做得真棒！这个是大的,这个是小的"。

掌握了吗?

儿童有意识地将大盖子和大盒子放在一起,小盖子和小盒子放在一起,就表明他已经能理解两者的区别了。

11. 倒来倒去（理解事物之间的关系）

我们为什么这样做?

15个月的儿童能够初步理解事物的因果关系,这个游戏可以借助儿童的动作模仿能力,在简单的动作中帮助 ASD 儿童增强对事物特征的认知能力（多少、大小）,进一步理解事物的关系。

儿童需要准备的

模仿能力、坐的能力、抓握能力。

成人需要准备的

大小不同的瓶子 3~4 个,大米若干。

如何 在游戏中干预自闭谱系障碍儿童

开始玩吧！

- 成人与儿童面对面坐在地上，准备将大米倒入其中一个大瓶子里。

- 成人向儿童示范，将大米从大瓶子倒入一个小的瓶子，再倒入另一个小的瓶子，直到大瓶子里面的米倒完，对儿童说："看，瓶子里的米没有了，我们把米倒回去吧。"

- 把盛满米的小瓶子和大瓶子放到儿童面前，观察儿童的反应，如果儿童没有任何反应，成人需重复指令，并用手势表示将小瓶子里的米倒入大瓶子，如果儿童仍没有反应，要提供身体辅助，手把手帮助儿童完成。

- 如果儿童有意识地主动去做，根据儿童的情况适当地提供上述辅助，并及时鼓励儿童。

我们还可以这样玩！

- 可以将大米替换为各种大小不一的豆子，也可以将一盒积木倒入另外一个容器，给儿童提供反复操作的机会。

- 可以把整个游戏的步骤看成给大家分饭的过程，大瓶子看成是锅，小瓶子是各自的碗，分完饭还要一起享用；平时吃饭的时候，可以鼓励儿童来给其他家庭成员或小朋友盛饭。

- 可以在儿童洗澡的时候，给儿童几个可以盛水的玩具，鼓励儿童倒来倒去。

🔔 特别要注意的事情

- 在游戏过程中,成人一定要陪在儿童身边,以免儿童把米或者水放到嘴里、鼻子里。

掌握了吗?

如果儿童能够主动将米或者水倒入另外的容器中,就达成目标了!

12. 请你跟我一起做(模仿能力、理解简单指令)

我们为什么这样做?

ASD 儿童在游戏中缺乏模仿和互动,伴随着音乐,ASD 儿童可以自然地随着节拍模仿动作,帮助 ASD 儿童理解简单的指令和要求,提高儿童与他人的互动性。

儿童需要准备的

模仿能力、对音乐和节奏的感知能力。

成人需要准备的

《幸福拍手歌》等节奏感较强的音乐。

开始玩吧!

- 和儿童面对面站好,播放节奏感较强的音乐。

- 跟随音乐,边发出指令边做动作,如拍拍手、拍拍肩、跺跺脚。
- 鼓励儿童模仿动作,必要时提供身体辅助。
- 播放《幸福拍手歌》,一边听音乐一边根据歌词做动作。

我们还可以这样玩!

- 可以与儿童进行简单的手指操,边念着儿歌边做动作。
- 可以与儿童进行简单的拍手互动游戏,如"你拍一,我拍一,一个小孩儿坐飞机"。
- 可以随着歌曲《找朋友》,边听歌边做动作,如敬个礼、握握手等。

🔔 **特别要注意的事情**

- 刚开始家长的语速要慢,动作和语言要协调,选择的音乐节奏也不要太快。

掌握了吗?

如果儿童能够跟随成人的指令或歌词做出动作,就达成目标了!

13. 喝水咯!(模仿能力、象征能力)

我们为什么这样做?

儿童象征游戏的发展初期,假装喝水、假装吃饭、假装打电话是最常见的游戏内容，ASD 儿童也不例外，将喝水这一日常生活环节转换为游戏，可以帮助 ASD 儿童增强假装游戏的意识，提高儿童的模仿能力和象征能力。

儿童需要准备的

抓握能力。

成人需要准备的

两个塑料杯子。

开始玩吧！

- 成人抱着儿童坐在桌子旁，桌上放两个空杯子。
- 成人对儿童说"口好渴啊，我要喝水"，举起一个杯子假装喝水，同时说："咕咚、咕咚"，用夸张的语气说："真好喝，你也喝点水吧。"
- 成人将另一只杯子给儿童，观察儿童的反应，如果儿童没有任何反应，可以再示范一次喝水的过程，鼓励儿童模仿假装喝水；还可以将杯子放到儿童手中，自己也拿起杯子，说"我们一起干杯"，主动碰一下儿童的杯子；还可以让儿童喂成人喝水，成人握住儿童的手来喂自己喝水。
- 如果儿童有意识地假装喝水，成人要及时鼓励儿童的模仿行为。

我们还可以这样玩!

- 可以在喝水前,适当加入假装倒水的环节。比如,准备一个饮料瓶子,问儿童"你要喝果汁吗?"然后假装将果汁倒进杯子,递给儿童,跟他"干杯",鼓励儿童的假装行为。

🔔 **特别要注意的事情**

- 如果儿童没有主动模仿,成人要想办法引起儿童的兴趣,例如,成人可以用手扶住儿童的杯子,放到他的嘴边说"咕咚、咕咚"。

掌握了吗?

儿童能够自发地模仿成人、假装喝水。

14. 变变变(共同注意)

我们为什么这样做?

ASD儿童缺乏与他人一起活动时的共同注意能力,通过这个游戏,可以增加ASD儿童与成人之间的共同注意,提高儿童与他人的互动能力。

> **儿童需要准备的**
>
> 目光追随能力。
>
> **成人需要准备的**
>
> 能够握在手中的且儿童感兴趣的物品。

开始玩吧!

- 成人与儿童面对面坐着,将手中有趣的物品呈现给儿童,让儿童自由地玩一小会。
- 如果儿童对物品感兴趣,成人要适时将物品拿回,握在手中,放到身后,随机把物品握在一只手中,然后双手在儿童面前转动,说"变、变、变!"
- 双手握拳放在儿童面前,说"你猜在哪只手里面?"观察儿童是否会掰开拳头去看。
- 如果儿童猜对了,及时鼓励儿童,"哇,你猜对了,给你玩一会吧";如果猜错了,可以用惋惜的口吻说"猜错了,我们再来一次吧",重复刚才变的动作。

我们还可以这样玩!

- 鼓励儿童模仿成人"变"一次。

🔔 **特别要注意的事情**

- 如果儿童不允许成人拿走物品,成人需要事先准备几个相同的物品,反复进行这个游戏,等儿童更加理解游戏的规则,可以只用一个物品道具。

掌握了吗?

儿童能够追随大人的手部动作,并试图抓成人的手寻找玩具。

15. 垒高楼(建筑游戏、轮换游戏)

我们为什么这样做?

很多ASD儿童喜欢将相同的积木进行有序的排列,缺乏向上累积的意识,通过这个游戏可以促进ASD儿童建筑游戏能力的发展,并初步让儿童在游戏中有轮换的意识。

儿童需要准备的

抓握能力、手眼协调能力。

成人需要准备的

塑料盒子4~6个。

开始玩吧!

- 成人和儿童面对面坐在床上或地上。
- 示范给儿童看,将盒子垒起来,对儿童说"你看,我搭起一座高楼"。

- 当着儿童的面,将盒子推倒,对儿童说"大楼倒了,我们一起再垒一个高楼吧"。
- 成人放好一个盒子后,鼓励儿童在上面继续放盒子,如果儿童没有主动做,成人可以用语言加上手势,告诉儿童把盒子放到上面,如果儿童还是没有做,成人要拿着儿童的手去完成,然后成人说"该我了",同时再放上一个盒子,反复这个过程。
- 当垒完高楼后(最好让儿童垒最后一个盒子),成人和儿童一起将高楼推倒,成人要大声欢呼"大楼倒咯",鼓励儿童再次垒高楼。

我们还可以这样玩!

- 如果儿童的精细动作较好,可以选择体积较小的盒子或者积木。
- 当儿童具有较好的行走能力时,可以将游戏材料换成抱枕、枕头、较大的盒子。

特别要注意的事情

- 如果儿童有意识主动垒高楼,但做不好,成人可以根据儿童的情况适当提供帮助。例如,用手托一下儿童的手肘或手腕,帮助他掌握好方向和力度,将盒子稳稳地垒上去。

掌握了吗?

儿童能够与成人轮流垒起高楼,并主动推倒高楼。

二  2~4岁

16. 听话的宝宝（理解和执行动作指令）

我们为什么这样做？

语言沟通是ASD儿童的核心缺陷之一，日常生活中，我们要抓住各种机会与ASD儿童进行交流，通过让儿童执行简单的动作指令，提高儿童的理解能力，增加与儿童的沟通。这个活动可以帮助ASD儿童理解动词，并练习执行简单的指令。

儿童需要准备的

走、抓握、弯腰的能力。

成人需要准备的

球。

开始玩吧!

- 成人与儿童面对面站着,用简单的语言描述所做的动作,如球掉了,把球捡起来。

- 让儿童听指令,并执行简单的指令,如把球捡起来,把球给妈妈等。

- 如果儿童没有回应,成人需要发出语言指令的同时加上手势动作,例如,用手指一下球说"把球捡起来",如果儿童仍没有回应,可以牵着儿童的手将球捡起来,当儿童将球捡起时,成人要立即给予表扬,"你把球捡起来了,真棒!"

我们还可以这样玩!

- 在日常生活中,注意简单指令的使用,可以让儿童把掉在地上的玩具捡起来,也可以让儿童把垃圾丢到垃圾桶。

特别要注意的事情

- 成人的示范很重要,平日生活中,应注重对儿童的示范,用语言描述自己当下的活动是什么。

掌握了吗?

如果儿童能够完成2~3个简单的动作指令,就达成目标了!

17. 变换的积木（建筑游戏）

我们为什么这样做？

建筑游戏是儿童游戏发展过程中的重要阶段，也是常见的儿童游戏形式之一。这个活动通过让 ASD 儿童用积木模仿搭出不同的造型，除了培养他们的模仿能力，一些指导性的语言，如"放到上面""放在一边"等还可以促进儿童对空间概念的理解。

儿童需要准备的

抓握能力。

成人需要准备的

标准的正方体积木 6~10 块。

开始玩吧！

- 成人与儿童面对面坐好，拿出准备好的积木让儿童自由探索。
- 成人如果不能加入儿童的游戏中，可以在儿童的旁边，用几块积木垒出不同的造型，例如，机器人、小火车、金字塔等，每完成一个造型，可以用语言描述一下自己垒的是什么。
- 鼓励儿童尝试模仿垒出一定的造型，如果儿童不感兴趣，可以就儿童当下玩积木的方式跟他一起搭出一个造型。
- 如果儿童对你的造型感兴趣,可以让儿童在旁边搭一个一样的造型,一开始不要提供任何辅助,但可以用语言描述儿童的行动和意图,也可以提问,如果儿童遇到困难,适当地提供语言、手势或身体的辅助。

我们还可以这样玩!
- 以轮流的方式,成人和儿童依次往上搭积木,用比赛的形式激励儿童,看谁搭的时候楼倒塌,并制定一定的惩罚措施,例如刮鼻子。

特别要注意的事情
- 如果儿童没有主动垒积木,可以让儿童放上最后一块积木来完成作品,并及时鼓励儿童,"做得真棒"。
- 在指导儿童时,可以适当使用方位词语,如"把它放在上面","在前面放一块积木"。加上手的指示动作,儿童更加容易理解。

掌握了吗?
如果儿童独立搭一个简单的造型,如小火车,就达成目标了!

18. 小小纸杯用途多（理解物品功能、事物关系、建筑游戏）

我们为什么这样做？

纸杯是常见的家庭用品，一个小小的纸杯可以有多种用途和玩法，可以用来喝水，可以做成艺术品，也可以成为很好的建筑游戏材料。通过这个游戏，能够增加ASD儿童对物品功能的理解、事物关系的理解，初步发展儿童的创造性思维。

儿童需要准备的

抓握能力。

成人需要准备的

4～6个纸杯、硬杯垫5个。

开始玩吧！

- 与儿童面对面坐着，成人将纸杯倒扣排列放在儿童面前，向儿童介绍"这个是纸杯，我们能用它喝水，还能做什么呢？你看我们还可以这样玩"。

- 成人将倒扣的纸杯上放一个杯垫，将另一个倒扣的纸杯放上，再放上一个杯垫，依次重复；"看，我用纸杯搭出一座高塔，你也试试看"，成人将纸杯和杯垫拿下来，放到儿童面前,观察儿童的反应。

- 如果儿童没有任何回应,成人可以先搭出一层,然后将纸杯递给儿童,鼓励他放上去,如果儿童没有主动去做,可以用手势提示他,或者提供身体辅助来完成。

我们还可以这样玩!

- 成人可以先在纸杯上开几个"小窗户",增加游戏的趣味性,提高儿童的兴趣。
- 成人将杯底朝上搭高楼,在第一层摆上三个,第二层摆上两个,最后一个,鼓励儿童摆上去,让儿童完成最后一个;当儿童理解了过程,可以让儿童尝试摆第二层和第三层;增加纸杯的数量,从而能搭更高的楼。
- 用线绳将两个纸杯的底部连接起来,做成"土电话",跟儿童玩打电话的游戏。

🔔 特别要注意的事情

- 在搭高楼时,当儿童将最后一个纸杯放上去时,要立即鼓励儿童,"做得真棒"。
- 活动结束后,要与儿童一起将纸杯收起来,以备下次游戏使用。

掌握了吗?

儿童能将4个纸杯套起来,就达成目标了!

19. 百宝箱（认知能力、功能游戏）

我们为什么这样做？

随着日常生活经验的增多，ASD 儿童认识的事物逐渐增加。这个活动的目的是帮助 ASD 儿童理解事物的功能。

> **儿童需要准备的**
>
> 认识日常用品。
>
> **成人需要准备的**
>
> 一个大盒子、肥皂、小毛巾、牙刷、杯子、勺子、碗。

开始玩吧！

- 成人与儿童面对面坐好，把准备好的道具放到盒子里面，开口用一块布遮起来，放到儿童面前，"看，这里有个百宝箱，我们一起来探索里面有什么宝贝"。

- 如果儿童没有主动去拿盒子里的东西，成人可以装作很神秘的样子，像发现宝藏一样，从盒子里拿出一样东西。

- 询问儿童这是什么东西，可以用来做什么，并用动作演示一下，如牙刷，做一下刷牙的动作来表示其功能。

- 鼓励儿童伸手摸箱子里面的东西，一次拿出一件。

- 让儿童说一说拿出的是什么,如何使用,表演一下。

我们还可以这样玩!

- 可以准备一些与实物相对应的图片,让儿童找出与拿出的物品对应的图片。
- 已经拿出来的物品,可以告诉或询问儿童这些物品之间的关系,如刷牙的时候还需要用到什么?刷牙的时候还要有杯子漱口。

🔔 **特别要注意的事情**

- 要选择儿童熟悉的、常用的物品。
- 开始游戏时不要放太多的物品,要根据儿童的能力做出调整。

掌握了吗?

如果儿童能够说出至少 3 种物品的功能,就达成目标了!

20. 掷骰子(认知能力、语言能力)

我们为什么这样做?

在做游戏时应注意变换多种形式,从而提高儿童对游戏的兴趣,增强 ASD 儿童的参与性。比如,让 ASD 儿童认图片,这样在玩的过程中,不仅可以增加 ASD 儿童的词汇认知,也发展他们的语言

如何 在游戏中干预自闭谱系障碍儿童

能力,提高儿童的社会互动性。

> **儿童需要准备的**
>
> 扔的能力。
>
> **成人需要准备的**
>
> 六张图片(图片内容应为儿童熟悉的事物,如苹果、小狗、小猫等),正方形纸盒一个、胶带。

开始玩吧!

- 成人与儿童面对面坐在地上。
- 将图片分别粘在纸盒的六个面上。
- 和儿童一起扔盒子,鼓励儿童说朝上一面的图片内容是什么。如果儿童不会说,成人用语言提示,鼓励儿童模仿。

我们还可以这样玩!

- 儿童熟悉游戏后,成人和儿童轮流扔骰子,增强儿童的轮换意识。
- 将盒子的两个对面穿入一根长长的木棒,放置在一个架子上,盒子的其他四面贴有不同的图片,滚动盒子,鼓励儿童说朝向儿童一面的图片内容是什么。

🔔 **特别要注意的事情**

- 可以让儿童参与制作骰子的过程中,让其体验乐趣,增强参与游戏的兴趣。

掌握了吗?

如果儿童能主动扔骰子,并说出图片上的内容,就达成目标了!

21. 帮小动物找食物 (事物对应关系)

我们为什么这样做?

在这个游戏中,用儿歌的形式呈现事物的对应关系,提高儿童对活动的兴趣,让ASD儿童更容易接受和理解对应关系。

儿童需要准备的

认识并能说出小猫、小狗、小兔、骨头、小鱼、胡萝卜的名字。

成人需要准备的

小猫、小狗、小兔、骨头、小鱼、胡萝卜的玩具或图片。

开始玩吧!

- 成人与儿童面对面坐好,拿出图片,和儿童说出每个图片的名称,"你看,这是什么?""这是……"
- 成人念儿歌:"小兔小兔吃什么,小兔爱吃胡萝卜",念儿歌的同时,将小兔和胡萝卜的图片拿起来,放在一起;依次类推,"小狗小狗吃什么,小狗爱吃肉骨头","小猫小猫吃什么,小猫爱吃小鱼儿"。

- 成人和儿童一起念儿童,念儿歌的同时,将内容相关的两张图片举起来。
- 当儿童较为熟悉对应关系,成人拿着动物图片念上句,儿童念下句,并拿出相应的动物图片。
- 当儿童完全掌握了对应关系,成人念儿歌,请儿童把相应的动物和食物图片对应起来。

我们还可以这样玩!

- 成人拿着食物图片问,如"谁爱吃胡萝卜",儿童拿起小兔子的图片。
- 日常生活中,家长可以指着家庭成员常用的物品,如玩具、花镜、裙子、报纸等,询问儿童,"这是谁的?""哪个是妈妈的?"

🔔 **特别要注意的事情**

- 如果儿童不认识图片,可以用动物玩偶和模拟食物的玩具代替。
- 在指导儿童时,可以适当使用方位词语,如"把它放在上面""在前面放一块积木"。加上手的指示动作,便于儿童更加容易理解。

掌握了吗？

儿童能够边念儿歌，并拿出正确的图片，目的就达成了。

22. 纸牌游戏（分类能力）

我们为什么这样做？

扑克牌是常见的游戏道具，牌面上有数字、不同的颜色和形状，利用纸牌可以锻炼 ASD 儿童的分类能力。这个活动能促使 ASD 儿童学习按照颜色和形状进行分类，适于能根据不同颜色和形状进行简单分类的 ASD 儿童。

儿童需要准备的

能够辨别不同的颜色和形状。

成人需要准备的

扑克牌 1 副。

开始玩吧！

- 成人与儿童面对面坐在床上，拿出准备好的扑克牌，让儿童自己玩一会，"看，这个是纸牌，你先玩一会吧"。
- 成人向儿童介绍纸牌上的不同颜色，示范将红色和黑色的纸牌分开，为了儿童分类的方便，可以准备一红一黑两张纸放在两边,对儿童说,"这张是红色的,我们放在红色的这边,这张是黑色的,我们放在黑色的这边"。

- 鼓励儿童跟着成人一起分,一开始可以成人说出牌是什么颜色,让儿童放到相应的颜色上,当儿童较为熟悉后,成人可以随机拿出一张牌,问儿童是什么颜色,并放到相应的颜色上。
- 成人向儿童介绍不同的图形,示范将红色的一堆按照不同图形分类,当儿童认识了图形,让儿童进行分类,"这个是心形,应该放在哪边?"或者"这个是什么形状?放到哪边呢?"
- 黑色的纸牌以此类推。

我们还可以这样玩!

- 让儿童按照4种图案将纸牌分类。
- 可以利用纸牌帮助儿童学习数数,如成人和儿童可以按照数字的顺序进行排列;成人随机说出一个数,让儿童拿出有相应数字的纸牌;成人说出一个数字,让儿童数出相应数目的纸牌;成人将几张牌排列放好,让儿童练习点数;成人随机取几张牌倒扣,让儿童翻牌并说出是数字几。这几种玩法可以相互结合,例如让儿童翻牌说出数字是几,然后让儿童按照数目拿出几张牌,并点数。
- 成人和儿童可以进行"排火车"的游戏,即成人和儿童依次放一张纸牌,当放下的纸牌与前面有重复的,可以将重复之间的所有纸牌拿走,谁的纸牌没有了就为输。

🔔 **特别要注意的事情**

- 如果刚开始儿童不理解如何将不同颜色的纸牌分开,可以拿两个盒子,一个红色一个黑色,让儿童将纸牌按照颜色放到盒子里面;当儿童把纸牌准确放入纸盒,要及时表扬,"做得真棒"。

掌握了吗?

如果儿童能够根据不同颜色和不同图案将纸牌分类,就达成目标了!

23. 找节奏 (节奏感、大肌肉控制力、互动游戏)

我们为什么这样做?

25个月的儿童可以开展一些简单的韵律活动,这个活动不仅可以训练ASD儿童的节奏感,发展他们对大肌肉的控制能力,增加ASD儿童与成人之间的互动交流,同时可以提高他们对规则的理解。

儿童需要准备的

对节奏的感知能力,走、跑的能力。

成人需要准备的

手铃1个。

如何在游戏中干预自闭谱系障碍儿童

开始玩吧!

- 成人向儿童讲述活动的规则,最好边讲规则边做示范:快摇铃的时候要跑起来,慢摇铃的时候慢慢走,停止摇铃的时候,停止动作。

- 刚开始,成人要边摇铃,边发出指令,边与儿童随着铃声或快或慢或停止活动,这样能够帮助儿童理解铃声指代的意思(或快或慢或停止)。

- 当儿童逐渐掌握活动的规则,可以减少口头的指令,成人只摇铃,与儿童一起活动。

- 当儿童完全掌握活动的要领,可以尝试交换角色,儿童摇铃,成人活动。

我们还可以这样玩!

- 可以用不同节奏的音乐代替摇铃,音乐停止,动作停止。

- 当儿童能够较好地控制身体动作,可以玩"红灯、绿灯、停"的游戏。

🔔 **特别要注意的事情**

- 这个活动最好采用集体游戏的形式来进行,在集体游戏中,可以增进儿童之间的相互模仿,有利于儿童习得游戏的规则。

- 最初进行这个游戏时,最好有一个成人在一旁提供身体上的辅助,帮助儿童理解在何种指令下做什么样的动作。

- 当儿童没有按照规则完成要求动作时,要及时纠正儿童,可以说"看我,铃声慢了我们也要慢一些",鼓励儿童模仿成人的动作节奏。

掌握了吗?

如果儿童能够根据摇铃节奏的快慢调整自己的动作速度,就达成目标了!

24. 过"小桥"(身体运动协调性、平衡能力)

我们为什么这样做?

24个月的儿童在练习行走之后,具备一定的保持身体平衡的能力,能够运用身体的协调性完成一些挑战性的动作。对于ASD儿童来说,他们往往有感觉统合失调的问题,表现为身体运动缺乏协调性,平衡能力较差。通过这个活动可以训练ASD儿童身体运动的协调性和平衡能力。

儿童需要准备的

儿童具有较好的行走能力,具有一定的平衡能力。

成人需要准备的

薄垫子4~6块。

如何在游戏中干预自闭谱系障碍儿童

开始玩吧!

- 在地板上或床上将准备好的垫子摆好,两个垫子之间相隔距离要适中,以便儿童能够跨过去。
- 成人先做示范,并告诉儿童这是小桥,要求儿童踩着垫子走到另一边。
- 鼓励儿童过"小桥",必要时提供身体辅助。
- 儿童每跨过一个垫子,成人要及时鼓励儿童"你跨过来了,真棒,加油"。

我们还可以这样玩!

- 可以调整"小桥"的形状,如S形、圆形、三角形等,增强此活动的趣味性。

特别要注意的事情

- 要根据儿童的能力适当或者调整垫子之间的距离,如果垫子之间的距离太远儿童跨不过去,或者太近活动没有挑战性,都容易降低儿童的主动性。
- 如果儿童不能理解活动的意思,可以为儿童提供身体辅助,带着儿童走一次。

掌握了吗?

如果儿童能够独立走过4个垫子,就达成目标了!

25. 穿越障碍（身体协调性、平衡性）

我们为什么这样做？

很多 ASD 儿童由于身体活动协调性较差，走或者跑动时常常不平衡，容易跌倒或撞倒障碍物。在跑道上设置障碍物，增加了跑步的难度，提高了对跑步技巧的要求，儿童需要集中注意力，不断提升身体的协调性才能避免撞倒障碍物。通过这个游戏可以很好地增强 ASD 儿童腿部大肌肉力量和身体的平衡性。

儿童需要准备的

走和跑的能力、平衡能力。

成人需要准备的

饮料瓶若干。

开始玩吧！

- 将装满水的饮料瓶排列成一条直线，作为障碍物，瓶子的数目为 5~8 个，瓶子之间的距离为 20~40 厘米。
- 设定好起点和终点，向儿童示范如何绕着瓶子走或跑到终点，提醒儿童不要碰到瓶子。
- 在成人的带领下，鼓励儿童尝试绕过这些障碍物。

我们还可以这样玩!

- 可以将瓶子排成两列,让两队小朋友进行接力比赛。
- 可以与其他的运动形式相结合,如,在每个瓶子平行的位置画一条线,让儿童去的时候绕过障碍物走,回来的时候双脚跳过每一条线。

特别要注意的事情

- 这个活动最好以集体游戏的形式进行,最初可以在成人的带领下,儿童排成一队跟随着成人绕过障碍物走或者跑,当儿童较为熟悉整个活动的过程后,可以尝试让儿童自己绕过障碍物。
- 在整个路线的终点,可以放几个小球,让儿童到终点时拿一个小球,然后交给成人,或者在终点放一个儿童喜欢的玩具,在绕过一次障碍物后,玩一会玩具作为奖励。
- 摆放瓶子的时候,可以适当调整瓶子间的距离,瓶子之间的距离越窄,难度越大。

掌握了吗?

儿童能够顺利穿越障碍,就达到目标了!

26. 串吸管(手眼协调、双手协调能力)

我们为什么这样做?

串珠子是训练 ASD 儿童手眼协调能力常用的游戏活动,在这个活动中，用一节节吸管来代替珠子，让 ASD 儿童在串吸管的过程中锻炼手的灵活性，发展他们的手眼协调能力和双手协调能力。

儿童需要准备的

手指抓、捏的能力。

成人需要准备的

不同颜色的粗吸管 10~15 段（每段约 2 厘米长），细的鞋带或两端缠有胶带的粗平线绳。

开始玩吧！

- 成人与儿童面对面坐好，"看，我们把这些五颜六色的吸管串成一条项链吧！"向儿童示范如何用线绳把吸管串起来，串好后戴在脖子上，"看我的项链，漂亮吗？"
- 鼓励儿童尝试串吸管，"这里还有一条绳子，你也串一条项链吧"。
- 家长指导和协助儿童串吸管，穿好后，也给儿童戴上，"你的项链真漂亮！"

我们还可以这样玩！

- 当儿童串吸管的技能较好后，成人和儿童可以进行比赛，提高儿童的兴趣。
- 当儿童串吸管的技能熟练后，可以逐步将粗吸管更换为细吸管、大珠子、小珠子、大纽扣、小纽扣等。

🔔 特别要注意的事情

- 要根据儿童的实际能力决定串吸管的数目,不宜过多要求。
- 儿童逐渐熟练后,成人的辅助相应逐渐减少。

掌握了吗？

如果儿童独立串 3 个粗吸管,就达成目标了!

27. 画手掌（图形认知、手部肌肉运动力和控制力）

我们为什么这样做？

儿童往往会对自己的手很感兴趣,通过让 ASD 儿童画手掌,可以提高他们对绘画的兴趣,同时,锻炼 ASD 儿童的小肌肉运动能力和控制力、双手的协调能力,并提高 ASD 儿童对复杂图形的认知。

儿童需要准备的

握笔的能力,手眼协调的能力。

成人需要准备的

纸和彩笔。

开始玩吧！

- 拿出纸和笔，向儿童简要介绍要做的活动，"我们一起来画画自己的手吧"。
- 让儿童伸出一只手，成人沿着儿童手的形状画出手的轮廓；然后伸出左手，在旁边画出自己手的轮廓；对儿童说"看，这是你的手，这是我的手，哪只手大？哪只手小？"
- 鼓励儿童画出自己手掌的轮廓，并给予身体上的辅助。

我们还可以这样玩！

- 为了增加活动的趣味性，可以将手掌沾上不同颜色的颜料，在纸上印出大小不同、颜色各异的手掌，鼓励儿童描画手掌的轮廓；
- 可以收集大小形状不一的树叶，贴在纸上，让儿童描画叶子的轮廓。

🔔 **特别要注意的事情**

- 如果画手掌对儿童的难度较大，可以逐渐增加难度。先描画简单的形状，如杯盖、硬币、火柴盒等常见的物品的形状，然后过渡到树叶、五角星、月亮、花朵等与日常生活相联系的形状，最后再尝试描画手掌这样难度较大的相关事物的形状。

掌握了吗？

如果儿童能够独立描画出手的轮廓，就达成目标了！

28. 搜寻图形（图形认知）

我们为什么这样做？

2岁的儿童开始认识图形。日常使用的物品中，隐藏着各种各样的图形。这个活动可以促进ASD儿童对图形的认识。

儿童需要准备的

对不同形状的感知能力。

成人需要准备的

不同形状的卡片、形状轮廓清晰的物品，如圆球、尺子、饼干等。

开始玩吧！

- 先向儿童呈现卡片，让儿童对形状有初步的概念，如圆形。
- 出示物品，如球、月饼，让儿童认识存在于日常生活物品中的几何图形。
- 让儿童反复指认卡片上的图形（例如，圆形），并且找出更多日常生活中含有这一图形（圆形）的物品，询问儿童"这是什么形状"。
- 尝试让儿童找找身边有什么物品包含这种几何图形。

我们还可以这样玩！

- 可以准备几样日常物品，指定一个形状，让儿童指认这些物品中哪个是。
- 当儿童能够清楚地辨认多种图形后，可以让儿童在一件物品中找多个图形，然后再找找同时含有这几个图形的物品。

🔔 特别要注意的事情

- 认识图形，可以从圆形开始，然后是方形、三角形。
- 从认识单一的图形开始，逐个认识；当儿童认识几种图形后，可以逐步提高难度，增加指认的数目，比如，开始只指认圆形，认识了方形后，让他指认圆形和方形两种，之后认识三角形后，可以让他同时辨认圆形、方形和三角形三种图形。
- 如果儿童认识了图形还无法自己找到身边有什么物品包含这种图形，可以提供几种物品让儿童指认来降低难度。
- 这一活动要在日常生活中结合常见物品反复进行，强化训练。

掌握了吗？

如果儿童能够辨认至少 2 种形状，就达成目标了！

如何在游戏中干预自闭谱系障碍儿童

29. 拼图形（形状认知、模仿能力、手眼协调能力）

我们为什么这样做？

在拼图游戏中，有各种各样的图案，但是运用火柴棒来拼图案，难度就大大增加了，同时，采用这种形式玩拼图，更能激发 ASD 儿童的兴趣。通过玩这个游戏，可以增强 ASD 儿童的模仿能力以及手眼协调能力，提高他们对形状的认知。

儿童需要准备的

具有手眼协调能力、认识基本的图形。

成人需要准备的

火柴（吸管或冰糕棒）。

开始玩吧！

- 成人用火柴棒拼出一个图形（如三角形），问问儿童这是什么形状。

- 鼓励儿童模仿拼出相同的图形，如果儿童没有反应或者拉着成人的手要成人去做，那么可以尝试握着儿童的手去完成，完成后要及时鼓励儿童。

- 如果儿童对图形较为熟悉，可以尝试将图形打乱，让儿童凭借记忆,用火柴拼出与刚才一样的图形。

我们还可以这样玩!

- 当儿童能用3根火柴拼小的三角形,尝试教儿童用6根火柴拼一个大的三角形。
- 当儿童可以用火柴拼出多种图形,让儿童尝试摆出更为复杂的图案,例如机器人、房子等。
- 也可以将火柴棒拼成图案后,粘在纸上,涂上颜色,做一幅画。

特别要注意的事情

- 当儿童完成拼图后,除了及时鼓励,可以让儿童玩一会喜欢的玩具,或者教给他拼出更复杂的图形来吸引他的兴趣,但不宜太复杂,应循序渐进,以免让儿童有挫败感,对游戏失去兴趣。
- 可以从三角形、方形开始,到长方形、菱形,再到五边形、六边形以及其他较为复杂的图形。
- 注意不要让儿童将火柴放到嘴里。

掌握了吗?

儿童能够独立拼出至少2种图形,目标就达成了。

30. 盛汤圆（手眼协调和手部控制力、自理能力）

我们为什么这样做？

吃饭是自理能力的主要内容之一，而要学会自己吃饭，学会使用汤匙是一项重要技能。在这个活动中，让 ASD 儿童练习使用汤匙，不仅可以促进他们手部精细动作的发展，也为自己吃饭打下基础。

儿童需要准备的

手眼协调能力。

成人需要准备的

玻璃弹珠 10 颗、汤匙 1 把、2 个塑料碗。

开始玩吧！

- 将玻璃弹珠倒入一个碗中，并在碗中倒入水，水平面超过弹珠即可，对儿童说"你看，这像不像我们吃的汤圆"。
- 成人先示范如何"盛汤圆"，然后给儿童一把汤匙和一个碗，让儿童用汤匙将"汤圆"盛到空碗里，必要时，成人要提供一定的身体辅助，例如手把着儿童的手去盛，或者扶着儿童的手腕或手肘去盛。

- 儿童盛好后,成人拿过来假装吃汤圆,并夸张地说"真好吃,再来一碗",让儿童将碗中的"汤圆"盛到另一个碗中。

我们还可以这样玩!

- 可以将"汤圆"分盛到两个碗中,让儿童和成人一起品尝美味的"汤圆"。
- 弹珠也可以换成大米、豆子(不加水)或水来做这个游戏。
- 成人和儿童可以以比赛的形式来进行游戏,看谁先把碗中的弹珠舀完。

🔔 **特别要注意的事情**

- 不要让儿童将弹珠放到嘴里。
- 除了分汤圆和吃汤圆,可以逐渐增加"买汤圆"和"煮汤圆"的假装游戏环节。

掌握了吗?

儿童能够独自将弹珠盛到另一个碗中,就达到目标了!

31. 找朋友(配对、自理能力)

我们为什么这样做?

鞋子是日常生活必备的物品,对于很多年幼儿童来说,将鞋子正确地配成一双有一定的难度,还常常反穿鞋子,ASD儿童同样存在此困难。这个活动的目的是帮助 ASD 儿童学会给鞋子配对，为学习穿鞋做准备。

儿童需要准备的

双手协调能力。

成人需要准备的

鞋子若干双。

开始玩吧！

- 把成对的鞋子分开放，分成两堆。
- 成人随机拿出一只鞋，"我们帮这只鞋子找到它的好朋友吧"，从另一堆鞋子找到与之成对的鞋子，"看，它们的大小一样，颜色也一样，它们是一对好朋友"。
- 将配对好的鞋子放在一边，再拿出一只鞋，对儿童说"找一找哪只鞋子跟这只鞋子是一样的"，如果儿童没有回应，成人可以随机拿出一只鞋子询问儿童"这两只鞋子一样吗？"如果儿童没有回答问题，成人需要替代儿童回答一样或者不一样，不一样的话要继续寻找。
- 如果儿童一开始对区分鞋子有困难，可以先找一些鞋子的图片进行配对练习。

我们还可以这样玩！

- 儿童将鞋子配对好后，还可以问问他这些鞋子分别是谁的，或者哪双鞋子是妈妈(爸爸、爷爷、奶奶)的。

- 当儿童能够较好地配对鞋子时,可以尝试教儿童分清左右。特别是平时出门前,让儿童练习分左脚和右脚。

🔔 **特别要注意的事情**

- 如果儿童有困难,成人要给他一点提示,鞋子的突出特征是什么,如颜色、是否系带等。

掌握了吗?

儿童能够独自将鞋子配成一双,就达到目标了!

32. 打电话 (假装游戏、语言模仿、社会互动)

我们为什么这样做?

随着儿童活动能力的提高,儿童接触到很多日常生活用品,他们往往会对打电话特别感兴趣。这个活动旨在帮助 ASD 儿童学习如何使用电话,如何打电话,提高儿童的语言能力和社会互动性。

儿童需要准备的

儿童能够理解和说出日常用语,如你好、再见等。

成人需要准备的

电话 1 部。

开始玩吧!

- 成人对儿童说"我们给妈妈打个电话吧",然后拿起电话,拨通号码,拨电话的时候可以边说边拨号码。

- 当对方接起电话,让儿童接电话,根据两人的对话,用语言提示儿童回答的内容,比如接过电话说"喂?"结束时说"再见"等。

我们还可以这样玩!

- 准备2部玩具电话,以假装游戏的方式和儿童对话,刚开始可以成人提问儿童回答,对话控制在2~3个轮回,逐渐增加对话的长度,并鼓励儿童主动提问。

特别要注意的事情

- 家长平时打电话时,可以让儿童试着讲几句话。

掌握了吗?

如果儿童能够主动玩假装打电话的游戏,就达成目标了!

33. 娃娃家之吃饭饭(假装游戏)

我们为什么这样做?

ASD儿童的游戏中缺乏假装游戏的内容,这个活动的目标在于帮助ASD儿童玩喂娃娃吃饭的假装游戏。

> **儿童需要准备的**
>
> 能把娃娃当做有生命的人去照料。
>
> **成人需要准备的**
>
> 儿童常玩的或喜欢的娃娃或布偶,小碗、小盘子、杯子、勺子等玩具餐具。

开始玩吧!

- 成人指着娃娃的肚子说,"娃娃肚子饿了,我们给他喂饭好吗?"

- 如果儿童没有反应,成人立即示范;把娃娃抱过来,"宝宝不哭,我们吃点饭吧",用勺子假装从小碗和盘子里面舀饭和菜喂娃娃吃,端起杯子给他喝水,"喝点米饭,再吃点菜吧,喝点水"。

- 鼓励儿童也来试一试,如果儿童不知道先做什么后做什么,可以用语言指导儿童;如果儿童仍有困难,成人可以通过手势来适当辅助,当儿童给娃娃喂好饭后,成人要立即鼓励儿童,"做得真棒!"

我们还可以这样玩!

- 如果儿童能够较好地理解和执行指令,在游戏过程中尽量用语言指导儿童,例如让儿童去拿餐具。

- 可以根据儿童的经验,假设有不同的食物,给娃娃设定一个菜单,如星期一吃面条、星期二吃饺子等。
- 根据儿童假装游戏能力的不同,可以适当增加环节,例如,吃饭前给娃娃戴一个围嘴,吃饭时给娃娃吹吹饭,吃完饭给娃娃擦擦嘴,问问娃娃吃饱没有等,这些增加的环节要符合儿童日常生活习惯。

🔔 **特别要注意的事情**

- 开始时成人对儿童的辅助会比较多,特别是手势辅助,逐渐过渡到语言提示为主,最后儿童独立完成整个过程。
- 游戏过程中,要尊重儿童的习惯和意愿,特别注意儿童自己创造的游戏环节,要及时配合儿童。

掌握了吗?

儿童能够自发进行喂娃娃吃饭的假装游戏,目标就达成了。

34. 娃娃家之睡觉觉(假装游戏)

我们为什么这样做?

这个活动的目标是帮助 ASD 儿童玩哄娃娃睡觉的假装游戏。

儿童需要准备的

能把娃娃当做有生命的人去照料。

成人需要准备的

儿童常玩的或喜欢的娃娃或布偶,小手帕。

开始玩吧!

- 成人指着娃娃说,"娃娃哭了,她想睡觉觉"。
- 如果儿童没有反应,成人立即示范;把娃娃抱过来,"宝宝困了,我们睡觉觉"。
- 成人可以抱着娃娃,边轻拍边哼唱摇篮曲,把娃娃递给儿童,让儿童也拍一拍她。
- 娃娃睡着了,把娃娃轻轻放在床上,给娃娃盖上被子(手帕)。
- 成人鼓励儿童也哄娃娃睡觉,必要时用语言或手势指导儿童如何做。

我们还可以这样玩!

- 如果儿童能够较好地理解和执行指令,在游戏过程中尽量用语言指导儿童,例如让儿童给娃娃盖被子。
- 根据儿童假装游戏能力的不同,可以适当增加环节,例如,睡觉前帮娃娃脱衣服,睡醒后帮娃娃穿衣服。

如何 在游戏中干预自闭谱系障碍儿童

🔔 **特别要注意的事情**

- 开始时成人对儿童的辅助提示会比较多,特别是语言提示和手势辅助,逐渐过渡到语言提示为主,最后儿童独立完成整个过程。

掌握了吗?

儿童能够自发进行哄娃娃睡觉的假装游戏,目标就达到了。

35. 娃娃家之洗澡澡（假装游戏）

我们为什么这样做?

这个活动的目标是帮助 ASD 儿童玩帮娃娃洗澡的假装游戏。

儿童需要准备的

能把娃娃当做有生命的人。

成人需要准备的

儿童常玩的或喜欢的娃娃或布偶,小塑料盆,小毛巾。

开始玩吧!

- 成人与儿童面对面坐好,把娃娃和塑料盆给儿童,"娃娃该洗澡了,我们一起给他洗个澡吧"。
- 如果儿童没有反应,成人立即示范,把娃娃抱过来,给娃娃洗洗脸、洗洗手,然后鼓励儿童模仿,给娃娃洗另一只手。

- 鼓励儿童给娃娃洗洗头、洗洗脚,适当的时候,给予辅助。
- 洗完以后,提示儿童用毛巾给洗好澡的娃娃擦干,"娃娃洗得真干净,快用毛巾给她擦干,不要让娃娃感冒"。

我们还可以这样玩!

- 可以用塑料娃娃,在盆里放上水,准备好肥皂,让儿童体验真实的情境,逐步过渡到假装盆里有水,用塑料瓶替代肥皂。
- 根据儿童假装游戏能力的不同,可以适当增加环节,例如,帮娃娃脱衣服,洗完后穿衣服,用肥皂或浴液给娃娃洗澡等。

特别要注意的事情

- 开始时成人对儿童的辅助提示会比较多,特别是语言提示和手势辅助,逐渐过渡到语言提示为主,最后儿童独立完成整个过程。
- 如果儿童能够较好地理解和执行指令,在游戏过程中尽量用语言指导儿童,例如让儿童帮娃娃穿脱衣服。

掌握了吗?

儿童能够自发进行帮娃娃洗澡的假装游戏。

 4～6岁

36. 水果还是蔬菜（分辨能力、认知能力）

我们为什么这样做？

这个活动可以帮助儿童学习水果和蔬菜的名称，分辨哪些是水果，哪些是蔬菜，培养ASD儿童的分类能力。

儿童需要准备的

认识几种常见的水果和蔬菜。

成人需要准备的

水果（苹果、香蕉、西瓜、桃子等）图片若干，蔬菜（白菜、胡萝卜、黄瓜等）图片若干。

开始玩吧!

- 呈现水果和蔬菜的图片,介绍这些水果和蔬菜的特征,如颜色、形状等。
- 告诉儿童哪些属于水果,哪些属于蔬菜。
- 拿出一张图片,询问儿童是蔬菜还是水果。
- 说出某一水果或蔬菜的名称,让儿童指出图片。
- 图片打乱顺序,让儿童挑出蔬菜的图片;再次打乱顺序,让儿童挑出水果的图片。

我们还可以这样玩!

- 平时吃水果蔬菜或者买水果蔬菜时,可以有意识地向儿童介绍水果和蔬菜的名称。
- 当儿童对一些水果蔬菜较为熟悉,可以随机拿出水果和蔬菜的图片,提问儿童图片上食物的名称是什么。
- 可以玩去市场买菜(水果)为主题的假装游戏。

🔔 特别要注意的事情

- 刚开始准备的水果或蔬菜图片中,不要含有既可以算水果又可以算蔬菜的图片,特别对于低年龄的儿童,概念不清晰,容易造成儿童选择上的混乱。
- 开始时,水果和蔬菜各准备2~3种,根据儿童对水果(蔬菜)已有的认识水平,逐步增加新品种。

- 当儿童回答正确,要及时表扬儿童,"答对了,真棒"。

掌握了吗?

儿童能够分清常见的水果和蔬菜,目标就达成了。

37. 纸飞机(认知能力、手臂力量、互动能力)

我们为什么这样做?

纸飞机是每个儿童的童年伙伴,承载着每个人最初稚嫩的梦想。在这个活动中,通过让 ASD 儿童认识飞机,了解飞机的构造,在扔纸飞机的同时促进 ASD 儿童投掷力量的发展,增加其游戏的互动性。

儿童需要准备的

具有一定的上肢力量。

成人需要准备的

飞机玩具模型、飞机报纸或白纸若干。

开始玩吧!

- 呈现飞机玩具模型,询问儿童"这是什么?"
- 向儿童介绍飞机的构造,包括机头、机身和机翼。
- 拿出准备好的纸,对儿童说"我们来折纸飞机吧"。

- 成人示范折一架纸飞机,和飞机玩具模型摆在一起对比,询问儿童机头、机身和机翼分别在哪里。
- 成人可以先示范扔纸飞机,说"起飞咯"以引发儿童的兴趣,然后扔出去,并让儿童将纸飞机捡回来。
- 鼓励儿童尝试扔纸飞机,刚开始可以向儿童提供一定的身体辅助。

我们还可以这样玩!

- 如果儿童的双手协调能力较好,可以尝试让儿童学习折纸飞机。
- 成人用厚、薄两种纸折成相同大小的飞机,让儿童试飞两种飞机,看看哪一架纸飞机飞得更远。
- 飞机飞得远近,与飞机的构造、轻重以及扔飞机的技巧有很大关系,成人和儿童可以开展扔纸飞机比赛,共同探索如何让飞机扔得更远。

🔔 **特别要注意的事情**

- 如果在户外进行纸飞机游戏,要选择晴朗、没有风的天气,否则游戏效果会大打折扣。

掌握了吗?

儿童能够分清飞机的构造,并会扔纸飞机,目标就达成了。

38. 炒黄豆（身体灵活性、互动游戏）

我们为什么这样做？

通过玩炒黄豆的游戏，不仅能够促进 ASD 儿童全身协调性和灵活性的发展，也促进他们社会交往能力的发展。

儿童需要准备的

身体具有一定的灵活性。

成人需要准备的

无

开始玩吧！

- 成人和儿童面对面站好，成人左手握住儿童左手，右手握住儿童右手。
- 成人边念儿歌，两只手边同时左右摇摆，"炒呀，炒呀，炒黄豆，炒完黄豆翻跟头"。
- 念完最后一句儿歌的同时，让儿童转身，背对成人。
- 再次念儿歌，念完的同时，让儿童再转回来。

我们还可以这样玩！

- 当儿童熟悉了游戏过程，可以让两个小朋友一起玩，两个人面对面站着，拉起手来，念儿歌的时候，双手同时向内侧和外侧摇摆，念完最后一句，两名儿童同时翻身，背对背，然后再次念儿歌，两人同时翻身，回到面对面。

🔔 **特别要注意的事情**

- 由于儿童年龄较小，成人与儿童玩这个游戏的时候最好不要同时转身，以免伤到儿童。

掌握了吗？

儿童能够边念儿歌边游戏，翻身时较为灵活，目标就达成了。

39. 捉小鱼（互动游戏、身体协调和控制力）

我们为什么这样做？

这个活动的目的在于增加ASD儿童游戏的互动性，锻炼儿童的身体协调能力和运动反应能力。

儿童需要准备的
具有一定的身体协调能力。
成人需要准备的
无

如何 在游戏中干预自闭谱系障碍儿童

开始玩吧!

- 两个成人面对面站立,双手搭在对方肩膀上,做成小桥的样子,通过弯腰、屈膝等方式来调节"桥"的高度。
- 让儿童做小鱼,从桥下游过去。
- 要求儿童尽量不要碰到"小桥",否则就会被抓住。
- 一开始需要有一名成人辅助儿童,让儿童熟悉规则。

我们还可以这样玩!

- 两个成人手牵手,这次变成一张"渔网",让几名儿童排成一列,假装水中的鱼群,渔网随机放下来,捉住经过的小鱼,被抓住的小鱼隔离起来,剩下的小鱼继续游戏,直到小鱼全被抓住。
- 可以让几名儿童一起,排成一列"火车",通过桥下,另有一名成人发指令,"呜……小火车开动了,咔嚓咔嚓……"如果有儿童碰到了桥,就会被抓住。

🔔 **特别要注意的事情**

- 成人通过弯腰、屈膝等动作调节小桥的高度,儿童也需要调整自己的动作,从而顺利通过,如果儿童没有意识主动调整动作,这时成人要给予儿童一定的辅助和提示。

掌握了吗?

儿童能够根据小桥的高度调整身体动作,就达到目标了!

40. 保龄球（手眼协调和身体协调能力、轮换游戏、规则游戏）

我们为什么这样做？

保龄球是一项老少皆宜的运动，这个活动可以增强 ASD 儿童上肢肌肉的力量，发展儿童的手眼协调能力及身体协调能力，促进 ASD 儿童进行轮流游戏，帮助他们理解比赛的规则。

儿童需要准备的

具备一定的手眼协调能力和身体协调能力。

成人需要准备的

矿泉水瓶 6 个，皮球 1 个，计分表。

开始玩吧！

- 将饮料瓶装入少量水，摆成三行，分别是 1 个、2 个、3 个，饮料瓶前 1.5～2 米的位置画一条线。
- 向儿童讲解游戏规则，并做示范，"我们今天一起打保龄球吧，我们要站在这个线上，让球滚过去，看谁的球击倒的瓶子多，我先试一次你看看"。
- 鼓励儿童打保龄球，"我击倒了 4 个瓶子，该你了！"成人要适当提供身体辅助。

- 将儿童每次击倒的瓶子数目记录下来。

我们还可以这样玩！

- 这个游戏可以儿童与成人一起玩,也可以让几个小朋友比赛,例如每个瓶子1分,每个人轮流5次,看谁分数最高,给予奖励。

🔔 特别要注意的事情

- 打保龄球的距离要根据儿童的实际情况进行调整。
- 饮料瓶中的水不宜装得太多,否则瓶子不容易击倒。

掌握了吗？

儿童每次都能够击倒至少2个瓶子,就达到目标了！

41. 两人三足（身体协调性、合作能力）

我们为什么这样做？

两人三足是趣味运动会上常见的项目,通过这个活动,可以增进亲子之间的互动,训练ASD儿童的身体运动协调性,培养与他人合作的能力。

儿童需要准备的

下肢运动能力,腿部有力量。

成人需要准备的

宽布条1根。

开始玩吧!

- 用宽布条将儿童的一条腿和家长的一条腿绑在一起。
- 训练儿童与家长合作"两人三足"行走的方法,走的时候喊着口号"一二一、一二一",反复练习。
- 家长带着儿童,缓慢而有节奏地行进2~3米。

我们还可以这样玩!

- 对于大一点的儿童,可尝试让两个小朋友进行这一活动,也可以作为趣味运动会上的一个比赛项目,培养儿童的协作能力和竞赛意识。

特别要注意的事情

- 成人在带领儿童行进时,一定要慢,步子要小,适当地让儿童掌控节奏和主动性;待儿童动作熟练后,可适当加快速度,延长行走的距离。

掌握了吗?

成人与儿童"两人三足"能行进至少2米,就达成目标了!

42. 我是小投手（身体协调性、注意力）

我们为什么这样做？

很多 ASD 儿童存在注意力缺陷，在这个活动中，不仅可以锻炼 ASD 儿童的投掷动作，提高他们的身体协调性，还有助于提高 ASD 儿童的注意力。

> **儿童需要准备的**
>
> 手眼协调能力。
>
> **成人需要准备的**
>
> 干净的废纸篓 1 个，绳子若干，小皮球 1 个。

开始玩吧！

- 将废纸篓固定在门把手上，做成一个简易的篮球架。
- 向儿童示范将球投入纸篓里。
- 让儿童距纸篓 1~2 米处，将球递给儿童，鼓励儿童将球投入空纸篓中。
- 为了提高儿童对活动的兴趣，可以记录儿童投入球的次数，例如，每投入 5 次可以奖励玩喜欢的玩具或活动，具体次数可以根据儿童的能力情况而定，随着儿童投入次数越来多，可以适当提高标准。

我们还可以这样玩!

- 成人和儿童轮流投球，进行比赛，同时为儿童模仿成人的动作提供机会。
- 当儿童投球的能力较好，可以把皮球换成小一点的球或者纸团。
- 开始可以让儿童双手投篮，随着儿童手臂力量变大和投篮技巧的提升，鼓励儿童尝试用单手投球。
- 成人还可以把纸篓系在腰上，做成一个移动的篮筐，儿童投球，成人接球。

🔔 **特别要注意的事情**

- 对于年龄较小的儿童，最初可以将纸篓放在地上，随着儿童能力的提高，纸篓放置的位置也要高一些。
- 儿童投篮的距离，应根据儿童的能力调整。

掌握了吗?

儿童能够连续投入至少 2 个球，就达成目标了!

43. 骰子游戏（数概念、规则游戏）

我们为什么这样做?

这个活动可以帮助 ASD 儿童辨认数目，提高他们进行轮换游戏的能力。

> **儿童需要准备的**
>
> 数的概念。
>
> **成人需要准备的**
>
> 骰子1个、跳棋子2颗、自制方格路线图(有起点和终点,进入某一格会得到相应奖励)、奖励物(儿童喜欢的玩具或卡片)。

开始玩吧!

- 教儿童辨认骰子各面上的点数(1—6)。
- 将方格路线图呈现给儿童,向儿童介绍游戏规则,"看,这个图里面有很多奖品哦,我们要用骰子来决定走几步,当走到有奖品的方格里,就会得到奖品"。
- 将两颗棋子放在起点位置,成人和儿童轮流掷骰子,并走相应的步数。
- 先走到终点的一方胜利。
- 一开始需要有一个成人辅助儿童,帮助儿童理解游戏规则,按照规则进行游戏。

我们还可以这样玩!

- 也可以规定,得到奖品多的一方胜利,例如,奖品可以先用卡片替代,看谁得到的卡片多。

🔔 特别要注意的事情

- 奖品一定是儿童喜欢的事物或玩具。

掌握了吗？

儿童能够与他人完成一轮游戏,就达到目标了!

44. 小猫咪在哪里（观察力和记忆力、互动游戏）

我们为什么这样做？

通过这个活动可以提高 ASD 儿童的观察能力和记忆能力,增加儿童与他人的互动性。

儿童需要准备的

视力正常,注意力能维持至少 10 秒钟。

成人需要准备的

三个相同的盒子、小猫玩具。

开始玩吧!

- 把三个盒子倒扣着,并排放在地上。
- 在儿童面前,将小猫玩具放到其中一个盒子里。
- 变换盒子的位置,让儿童说说小猫咪藏在哪个盒子里。

我们还可以这样玩！

- 角色互换，即让儿童尝试变换盒子的位置，成人来猜。

🔔 特别要注意的事情

- 盒子变换的次数最好不要超过3次。
- 刚开始，变换盒子的动作要慢一些，并且有小猫的盒子只要变动1次就可以，从而增加儿童的成功体验，增加儿童对活动的兴趣。

掌握了吗？

儿童能够猜对至少两次小猫的位置，就达到目标了！

45. 我是小小售货员（角色扮演）

我们为什么这样做？

这个活动可以提高 ASD 儿童假装游戏中角色扮演的能力，学习社会交往的一些用语，例如"欢迎光临""谢谢""欢迎再来"等等。

儿童需要准备的

认识基本的日常物品。

成人需要准备的

积木，书本，笔，勺子、筷子、碗等玩具餐具，玩具小汽车，拼图等儿童熟悉的物品，代币。

开始玩吧!

- 将积木、书本、拼图、笔、勺子等物品摆放出来,模拟商店的柜台。
- 儿童扮演售货员,成人或其他小朋友扮演顾客来买东西。
- 当有人来买东西时,要提示儿童说"欢迎光临"或者"你好,你要买什么"。
- 顾客说出要购买的物品,请"售货员"拿出相应的物品,成人要适当给予儿童提示,帮助儿童拿到正确的物品。
- 顾客拿到商品后,付钱给儿童,提示儿童说"欢迎再来"。

我们还可以这样玩!

- 儿童熟悉游戏玩法之后,可以扮演顾客,让其他人扮演售货员。
- 也可以将场景设置为菜市场,菜市场里有各种蔬菜和水果,可以用图片或模拟实物玩具来代替真正的蔬菜水果。

特别要注意的事情

- 一开始,要选择类别差距较大的道具,以便儿童能够分清楚,随着儿童认识事物精准度的提高,同一类"商品"可以选择不同特征的,例如笔有铅笔、钢笔、圆珠笔、水彩笔、蜡笔,等等。
- 家长平时购物时可以带着儿童一同前往,让儿童观察售货员的言行,鼓励儿童模仿。

掌握了吗?

儿童能够独立卖出商品,学会使用简单的礼貌用语,如"欢迎光临""欢迎再来",目标就达成了。

46. 我是采购员(角色扮演)

我们为什么这样做?

这个活动可以提高 ASD 儿童假装游戏中角色扮演的能力,增强儿童与他人的互动性。

儿童需要准备的

认识基本的日常物品、食物等。

成人需要准备的

各种水果和蔬菜的模拟塑料玩具,饼干、薯片等食品的盒子,饮料瓶子,梳子、镜子、洗发水等,代币。

开始玩吧!

- 将积木、书本、拼图、笔、勺子等物品摆放出来,模拟超市的货架。
- 事先拟定一份购物清单,对儿童说,"今天我们要去买东西,这个是购物清单,我们一起看一下要买哪些东西",成人与儿童一起看一看购物清单。

- 要求儿童按照购物清单购买物品。
- 儿童拿着清单,在成人的帮助下挑选物品。
- 物品挑选完毕,成人带领儿童到收银台付款。
- 核对清单上的物品是否齐全,"我们来看一看,清单上的东西我们都买到了吗"。

我们还可以这样玩!

- 游戏结束后,可以让儿童将购买的物品放回原处,以备下一次购买。
- 也可以将场景设置为菜市场,菜市场里有各种蔬菜和水果,可以用图片或模拟实物玩具来代替真正的蔬菜水果。

特别要注意的事情

- 购物清单可以是文字的,也可以是图片的,这要根据儿童的能力水平而定。
- 购物前,要与儿童确认好要购买的物品;
- 刚开始,购物清单上的物品不宜过多,2~3个为宜,随着儿童对游戏更加熟悉,认识更多的事物,可以逐步增加物品的数目和种类。
- 日常生活中,家长可以在购物前列一个清单,家长和儿童一起购物,增加儿童的生活经验。

如何在游戏中干预自闭谱系障碍儿童

掌握了吗?

儿童按照购物清单至少能买回2件商品,就达成目标了!

47. 我是小厨师(角色扮演)

我们为什么这样做?

这个活动可以提高ASD儿童假装游戏中角色扮演的能力,在游戏中学习先做什么、后做什么。

> **儿童需要准备的**
>
> 知道常见的食材,如蔬菜、海鲜、肉类等。
>
> **成人需要准备的**
>
> 各种蔬菜、海鲜、肉类的模拟塑料玩具,调味料瓶,玩具灶台,各种玩具餐具如锅、铲子、盘子、碗、勺子、叉子、刀子。

开始玩吧!

- 向儿童介绍游戏的内容,"今天,我们来做一回小厨师,一起做一桌美味的饭菜吧"。
- "我们要先把这些蔬菜用刀切一切",成人向儿童示范假装切菜,鼓励儿童模仿。
- 然后成人把菜放到锅里,并把锅放到灶台上,用铲子假装翻炒一下，鼓励儿童模仿成人的假装游戏行为，并提供一定的辅助。

- "我们要加一点盐"，成人将调味料瓶给儿童，"你来加一点盐"，观察儿童的反应，如果儿童没有任何回应，可以手把着儿童的手，晃动一下瓶子表示加入了调味料，对儿童说"嗯，这样菜就很美味了"。

- "菜炒好了，我们要把菜盛到盘子里面"，鼓励儿童把菜放到盘子里面，如果儿童没有回应，成人向儿童示范如何做，同时要用语言描述自己在做什么，例如"像这样，把菜放到盘子里，我们就可以吃到美味的菜了"。

- 成人和儿童一起"品尝"菜肴，成人可以用夸张的语气"啊呜啊呜"大口吃，并把菜放到儿童嘴边，对儿童说"嗯，真好吃，你也尝一尝吧"。

我们还可以这样玩！

- 饭菜做好后，儿童可以与他人一起品尝，也可以是给娃娃做饭，喂娃娃美味的菜肴。

特别要注意的事情

- 刚开始接触这个游戏时，儿童并不熟悉整个过程，需要家长用语言提示儿童先做什么后做什么，渐渐儿童熟悉了游戏过程，成人可以让儿童自主进行游戏。

- 儿童的象征能力水平较低时，还需要依赖模拟实物的玩具，随着儿童能力的发展,可以使用其他的物品替代,例如各种形状的积木,甚至不使用任何物品。

- 刚开始,步骤不要太多,可以适当简化,逐步将过程细化。

掌握了吗?

儿童能够明确做菜的先后顺序,独立完成至少1次,目标就达成了。

48. 我是小医生(角色扮演)

我们为什么这样做?

这个活动的目标是帮助ASD儿童玩帮娃娃看病的假装游戏,提高儿童假装游戏的能力。

儿童需要准备的

能把娃娃当做有生命的人。

成人需要准备的

儿童常玩的或喜欢的娃娃或布偶,玩具听诊器、体温计、药瓶、针筒、药棉等。

开始玩吧!

- 成人对儿童说:"娃娃生病了,该去看医生,你来做她的医生吧。"

- 如果儿童没有反应，成人立即示范，把娃娃抱过来，戴上听诊器，给娃娃听一听，然后让儿童戴上听诊器，模仿成人，给娃娃听一听。
- 成人拿过玩具体温计给儿童，对儿童说"你给娃娃量一下体温吧"，如果儿童没有回应，可以握着儿童的手把体温计给娃娃夹在胳膊下，过一会拿出来看一看。
- "娃娃发烧了，要快点给她吃药"，把药瓶递给儿童，"这个是药，你喂娃娃吃点药吧"，如果儿童没有回应，成人要立即示范给娃娃吃药，然后把药瓶给儿童，"你也给她吃点药吧"，鼓励儿童模仿成人。
- "娃娃还要打针呢"，成人可以示范拿药棉给娃娃消毒，用针筒给娃娃打针，"你来给她打一针吧"，如果儿童没有回应，成人要立即给儿童做示范。
- "打针很疼，娃娃哭了，你来哄哄她吧"，如果儿童没有回应，成人可以把娃娃抱过来轻轻拍一拍，对儿童说"拍一拍，娃娃就不哭了"，鼓励儿童也模仿成人，轻轻拍一拍娃娃。
- "我们给娃娃量一下体温，看看病好了没有"，将玩具体温计给儿童，观察他的反应，如果儿童没有回应，要给儿童一定的手势提示或身体辅助。
- 成人假装看一下体温计，对儿童说"太棒了，娃娃的病好了"。

我们还可以这样玩！

- 刚开始玩这个游戏时，可以简化看病的过程，逐步将过程细化。
- 根据儿童假装游戏能力的不同，可以适当调整游戏环节，例如，打针前，用酒精棉消毒；打针的时候，哄娃娃不要哭等。
- 平时儿童生病看医生时，家长要注意告诉儿童，医生在做什么。

🔔 特别要注意的事情

- 开始时成人对儿童的辅助提示会比较多，特别是语言提示和手势辅助，逐渐过渡到语言提示为主，最后儿童独立完成整个过程。
- 如果儿童能够较好地理解和执行指令，在游戏过程中尽量用语言指导儿童，例如让儿童给娃娃测体温。

掌握了吗？

儿童能够自发进行帮娃娃看病的假装游戏。

49. 橡皮泥（双手协调能力、认知和象征能力）

我们为什么这样做？

玩橡皮泥不仅能够提高 ASD 儿童的手部精细动作和手部力

量、锻炼儿童的双手协调能力,还可以提高 ASD 儿童的认知能力和象征能力。

> **儿童需要准备的**
> 双手协调能力、手眼协调能力。
>
> **成人需要准备的**
> 彩色橡皮泥、模子若干、塑料刀 1 把。

开始玩吧!

- 取一块橡皮泥,搓成条状,让儿童跟着模仿,"我们今天来做面条好吗?像这样,滚一滚、搓一搓"。
- 引导儿童用塑料刀将条状的橡皮泥切成若干块。
- 让儿童模仿成人的动作,用手指按橡皮泥,用手拍橡皮泥等。
- 引导儿童用模子制作一些造型,如草莓。
- 把用橡皮泥制作的各种图形放在桌上,和儿童一起指一指、认一认。

我们还可以这样玩!

- 成人拿出三块橡皮泥,分别制成三角形、正方形和圆形,并在上面印上花纹;鼓励儿童根据成人捏出的模样,把橡皮泥捏成相应的形状,"你看,这是我做的饼干,你会做吗?试试看"。儿童做的时候,成人要提供一定的辅助和提示。做好以后,一起品尝美味的"饼干"。

🔔 **特别要注意的事情**

- 把橡皮泥搓成条状时注意,如果儿童不能较好地双手对搓,可以让儿童放在桌面上搓。
- 游戏中,可以为儿童提供一些工具,如小木棒、塑料小刀等,让儿童在利用工具玩橡皮泥的过程中,更好地体验橡皮泥的特征。
- 随着儿童年龄的增长家长还可以教儿童捏出更复杂的造型。
- 游戏结束后,督促儿童及时洗手。

掌握了吗?

儿童能够捏、搓、拍橡皮泥,能利用模具制作不同的造型,目标就达成了。

50. 钓小鱼(手眼协调能力)

我们为什么这样做?

这个活动的目的是让儿童了解和感受磁铁的特性,训练儿童的手眼协调能力。

儿童需要准备的

具有一定的手眼协调能力。

成人需要准备的

小木棍(木筷)2 根、粗绳 2 根、磁铁 2 小块、别有回形针的纸质小鱼 10 条、鱼塘的背景图案、小篮子 1 个。

开始玩吧!

- 将绳子的一端系在木棍上,另一端系在磁铁上。
- 在桌子上铺上鱼塘背景图,将别有回形针的纸质小鱼分散放在背景图上。
- 向儿童介绍活动,并示范,"今天我们来玩钓鱼的游戏,你看,只要把钓鱼竿轻轻往小鱼边上一放,小鱼就被钓起来了"。
- "是不是很神奇呢?你也来试试。"鼓励儿童用自制钓鱼竿钓鱼,观察儿童的反应,如果儿童没有回应,成人需要重复语言指令,并提供身体辅助,可以手把着儿童的手来完成,如果儿童对钓鱼感兴趣,但总是晃来晃去钓不到鱼,用手托一下儿童的手腕或手肘帮助他。
- 将钓上来的小鱼放到小篮子里面。

我们还可以这样玩!

- 可以直接购买钓鱼玩具来进行这个游戏。
- 用比赛的方式,看谁钓上来的鱼更多;也可制作两套钓鱼玩具,让两个小朋友比赛,看谁先钓完所有的鱼。

🔔 特别要注意的事情

- 儿童开始玩这个游戏时,可能不容易对准小鱼,这时成人要及时提供一定的身体辅助,帮助儿童体验成功,提高对游戏的兴趣。

掌握了吗?

儿童能够独立钓上 5 条小鱼,就达到目标了!

51. 剪一剪贴一贴(形状配对、手部控制力)

我们为什么这样做?

这个活动的目的在于让 ASD 儿童练习使用剪刀,锻炼儿童的小肌肉运动能力和控制力,提高他们的形状对应能力。

儿童需要准备的

使用剪刀的能力,双手协调、手眼协调的能力。

成人需要准备的

纸、彩笔、安全剪刀、胶棒。s

开始玩吧！

- 成人先在白纸上画两幅相同的画，如云朵、太阳、房子和树木，一幅涂好颜色，一幅只有轮廓。
- 向儿童展示两幅画，并说明活动的流程，"我们要把这幅画上面的图案剪下来，贴在另外一幅图上"。
- 成人先示范，将复杂的线条剪好，留下简单的线条让儿童来剪，如直线、圆形。
- 剪好一个图案后，帮助儿童用胶棒涂好，并贴在相应的轮廓上，其他图案依此类推。
- 当成人与儿童共同贴好一幅图后，成人要及时鼓励儿童做得很棒。

我们还可以这样玩！

- 可以画一些家用电器的图案，如电视机、电冰箱，和儿童一起涂好颜色，剪下来，贴在相应的电器上。
- 当儿童使用剪刀的能力较好时，可以收集大小形状不一的树叶，贴在纸上，让儿童剪树叶的形状。

特别要注意的事情

- 如果儿童可以自己涂颜色，可以让儿童来涂。
- 如果儿童不太会使用剪刀，一开始让儿童剪直线，长度逐渐增加，然后过渡到曲线等复杂线条。

- 对于年龄小一点或能力差一点的儿童,可以剪好让儿童贴。

掌握了吗?

如果儿童能够独立使用剪刀剪直线和圆形,就达成目标了!

52. 水果拼盘(认知能力、双手协调能力)

我们为什么这样做?

这个活动可以帮助 ASD 儿童认识常见的水果,增强儿童的双手协调能力,提高他们对颜色、形状的认知。

儿童需要准备的

双手协调能力。

成人需要准备的

多种水果,如香蕉、橘子、草莓、葡萄、西瓜等,平盘、水果刀。

开始玩吧!

- 将水果洗净,放在儿童面前,向儿童介绍各种水果的名称,"看,今天我们有这么多的水果,这个是香蕉,这个是橘子……"

- 向儿童介绍活动的内容,"今天我们来做个水果拼盘好吗?

你来帮我把香蕉和橘子剥皮",和儿童一起将水果剥皮,然后根据需要切水果。

- 成人和儿童共同完成一个水果拼盘。
- 分享剩余的水果。

我们还可以这样玩!

- 成人将水果拼成一个笑脸,鼓励和辅助儿童模仿摆出相同的笑脸,然后让儿童指认哪个是眼睛、鼻子、嘴。

🔔 特别要注意的事情

- 在做拼盘的过程中,尽管是成人和儿童共同完成,但还是要以儿童的意愿为主,根据儿童的想法去完成。

掌握了吗?

成人和儿童共同完成一个水果拼盘,目标就达成了。

第四部分

资源推荐

一 推荐儿童书

1. 我的后面是谁呢(1—5):互动认知绘本,认识动物,理解方位

2. 妙妙香味书——来,闻闻大自然的味道:通过嗅觉来认知

3. 阿波林的小世界(全14册)

4. 阿波林的大事件(全6册)

5. 小猪威比(全9册)

6. 手巧心灵:有趣的头脑开发创意游戏

7. 我来做手工(全12册)

8. 我来画(全10册)

9. 我来贴(共6册)

10. 365个艺术创意

二 推荐家长书目

1. 儿童成长120——儿童应该掌握的120种成长技能
2. 0—7岁孩子家庭游戏全方案——如何有目的地培养您的孩子
3. 和宝宝一起做的游戏大全(0—3岁)
4. 孩子最喜欢和妈妈玩的100个游戏
5. 孩子最喜欢和爸爸玩的100个游戏
6. 在游戏中评价儿童——以游戏为基础的跨学科儿童评价法
7. 在游戏中发展儿童——以游戏为基础的跨学科儿童干预法
8. 特殊儿教养宝典：促进智力和情绪成长的全新疗法——地板时间疗法

三 推荐 app

1. 打地鼠
2. 托马斯小火车
3. 会说话的汤姆猫
4. 水果忍者
5. 宝贝拍拍鼓
6. Working on the Railroad: Train Your Toddler Lite
7. How to draw
8. 宝宝乐——婴幼儿认知必备
9. Dr. Panda 超市
10. Dr. Panda 果蔬园
11. 有趣的形状 HD(0—3,3—6)
12. 看动物,听声音
13. 少儿馆(动物篇,形状篇)

四 推荐网站

1. http：//www.guduzheng.net/中国孤独症支援网

2. http：//book.pcbaby.com.cn/太平洋亲子网宝宝知库

3. http：//www.autismspeaks.org/family-services/tool-kits

4. http：//www.autismspeaks.org/autism-apps

5. http：//www.autismspeaks.org/family-services/resource-library

参考文献

1. 周念丽. 特殊儿童的游戏治疗[M]. 北京：北京大学出版社，2011：2.
2. 毛颖梅. 国外 ASD 儿童游戏机游戏干预研究进展[J]. 中国特殊教育，2011,134(8)：66-71.
3. 周念丽,方俊明. 探索 ASD 幼儿装备游戏特点的实验研究[J]. 中国特殊教育,2004,49(7)：51-55.
4. 黄伟合,陈夏尧,李丹. 关键性技能训练法：ABA 应用于 ASD 儿童教育干预的新方向[J]. 中国特殊教育,2010,124(10)：63-68.
5. 朱瑞. 自闭谱系障碍儿童家庭早期干预的个案研究[D]. 华东师范大学,2012,57.
6. Pullen Lara C. The P. L. A. Y. Project：a revolutionary treatment approach for children with autism[J]. The Exceptional Parent, 2008,(8)：42-43.
7. Hobson R P, Lee A, Hobson J A. Qualities of symbolic play among children with autism：a social developmental perspective[J]. Journal of Autism Development Disorder, 2009,39(1)：12-22.

8. Lisa, K. V. Brigette, O. RYALLS K. V. Ryalls. A Systematic, Reliable Approach to Play Assessment in Preschoolers[J]. School Psychology International, 2005, 26(4): 398-412.

9. Joe, L. F. Sue, C. W. Stuart, R. Play and child development (3rd edition)[M]. Pearson Education, 2001: 285-286.

10. Rebecca, R. F. Joan, S. R. Play Assessment as a Procedure for Examining Cognitive, Communication, and Social Skills in Multihandicapped Children[J]. Journal of Psychoeducational Assessment,1987, 5: 107-118.

11. Greenspan, S. I. , Wieder, S. Developmental patterns and outcomes in infants and children with disorders in relating and communicating: A chart review of 200 cases of children with autistic spectrum diagnoses[J]. Journal of Developmental and Learning Disorders,1997,1: 87-141.

12. Maryse, D. , Rose, M. Floor Time Play with a child with autism: A single-subject study[J]. Canadian Journal of Occupational Therapy, 2011, 78(3): 196-203.

13. Solomon, R. , Necheles, J. , Ferch, C. , Bruckman, D. Pilot study of a parent training program for young children with autism: The PLAY Project Home Consultation program[J]. Autism,2007, 11(3) : 205-224.

14. Kingkaew, P., Kaewta, N. A pilot randomized controlled trial of DIR/Floortime™ parent training intervention for preschool children with autistic spectrum disorders[J]. Autism, 2011, 15(2): 1-15.

15. Suzannah F, Hughes C, Smith T. A model for problem solving in discrete trial training for children with Autism[J]. Journal of Early and Intensive Behavior Internvion, 2005, 4(2): 224-246.